MARCO POLO

Kurzurlaub in Deutschland

in Kooperation mit der
Deutschen Zentrale für Tourismus e. V.

W0320632

ie touristischen Marketingorganisationen der Länder

ourismus-Marketing GmbH
aden-Württemberg
el.: 01805/55 66 90 (14 Ct./Min.)
ww.tourismus-bw.de

AYERN TOURISMUS
larketing GmbH
el.: 0180/58 55 050 (14 Ct./Min.)
ww.bayern.by

Berlin Tourismus

erlin Tourismus
larketing GmbH
el.: 030/25 00 25
ww.berlin-tourist-information.de

MB Tourismus-Marketing
randenburg GmbH
el.: 0331/200 47 47
ww.reiseland-brandenburg.de

BTZ

TZ Bremer Touristik-Zentrale
esellschaft für Marketing
nd Service mbH
el.: 01805/10 10 30 (14 Ct./Min.)
ww.bremen-tourismus.de

HAMBURG Tourismus GmbH

amburg Tourismus GmbH
el.: 040/30 05 13 00
ww.hamburg-tourismus.de

Hessen Agentur

A Hessen Agentur GmbH
ourismus- und
ongressmarketing
el.: 0611/77 48 091
ww.hessen-tourismus.de

ourismusverband
ecklenburg-Vorpommern e. V.
el.: 0180/500 02 23 (14 Ct./Min.)
ww.auf-nach-mv.de

TourismusMarketing niedersachsen

TourismusMarketing
Niedersachsen GmbH
Tel.: 01805/18 07 00 (14 Ct./Min.)
www.reiseland-niedersachsen.de

Nordrhein-Westfalen Tourismus e. V.

Nordrhein-Westfalen
Tourismus e. V.
www.nrw-tourismus.de

Rheinland-Pfalz Tourismus GmbH
Tel.: 01805/757 46 36 (14 Ct./Min.)
www.rlp-info.de

Saarland

Tourismus Zentrale
Saarland GmbH
Tel.: 0681/92 72 00
www.tourismus.saarland.de

SACHSEN. LAND VON WELT.

TMGS Tourismus Marketing
Gesellschaft Sachsen mbH
Tel.: 0351/49 17 00
www.sachsen-tourismus.de

Tourismus-Marketing
Sachsen-Anhalt GmbH
Tel.: 0180/53 72 000 (14 Ct./Min.)
www.sachsen-anhalt-tourismus.de

schleswig-holstein*
*Urlaub, so weit das Auge reicht

Tourismus-Agentur
Schleswig-Holstein GmbH
Tel.: 01805/60 06 04 (14 Ct./Min.)
www.sh-tourismus.de

Thüringer Tourismus GmbH
Tel.: 0361/37 420
www.thueringen-tourismus.de

Tipps, Links und Adressen

Einfach mal tief durchatmen

Mit den Zügen der Deutschen Bahn gelangen Reisende bequem, staufrei und umweltfreundlich in die schönsten Städte und Urlaubsregionen. Für die Mobilität vor Ort empfehlen sich die Länder-Tickets, Freizeit-Tickets und weitere regionale Angebote. **www.bahn.de/deutschland-erleben**

Das RundumSorglos-Jahres-Paket der Europäischen Reiseversicherung: Wie oft Sie verreisen, ist egal – wenn Sie einmal versichert sind. Infos und Buchung unter **www.reiseversicherung.de**

Ameropa Reisen Tel. 01805/97 90 98 (€ 0,14/Min./Colt Telecom), **www.ameropa.de**

Dertour GmbH & Co. KG Tel. 069/95 88 51 00, **www.dertour.de**

REWE Touristik GmbH
Tel. 02203/420, **www.its.de**

Neckermann Reisen
Tel. 01803/88 88 55,
www.neckermann-reisen.de

TUI Deutschland GmbH
Tel. 01805/88 42 66, (€ 0,14/Min. aus dem Festnezt der Deutschen Telekom, abweichender Mobilfunktarif)
www.tui.com

Mehr Infos im Reisebüro!

www.kurz-nah-weg.de
Ihr Kurzreiseführer für Deutschland

In Kooperation mit der
Deutschen Zentrale für Tourismus e. V.

Impressum

© 2008, MAIRDUMONT, Ostfildern
Chefredakteurin: Michaela Lienemann
Produktmanagerin: Anja Lohmann
Redaktion und Layout: Medienbüro7, Stuttgart
Gestaltung: red.sign, Stuttgart

Das Werk einschließlich aller seiner Teile ist urheberrechtlich geschützt. Jede urheberrechtsrelevante Verwertung ist ohne Zustimmung des Verlages unzulässig und strafbar. Das gilt insbesondere für Vervielfältigungen, Übersetzungen, Nachahmungen, Mikroverfilmungen und die Einspeicherung und Verarbeitung in elektronischen Systemen.

Bildnachweis

Digital Vision (U. o. l.); Digital Vision/Louis Fox (8); DZT/Bruns, Katja (U. u. l.); DZT/Kiedrowski, Rainer (2, 3, 5); DZT/Topel Kommunikation GmbH Topel, Dirk (6); Photo Alto Agency/Odilon Dimier (1); Rheinland-Pfalz Tourismus GmbH (U. o. r.); Tourismus Zentrale Saarland GmbH (7); Westend (U. u. r.)

Genussradeln in seiner reinsten Form

Kulinarische Träume gegen Heißhunger

„Wissen, was man isst" lautet das Motto der **Vereinigung Slow Food (www.slowfood.de)**. Zahlreiche Restaurants haben sich der Bewegung angeschlossen und bieten Spezialitäten aus heimischer Produktion und Zucht. Im **Wirt von Amerang (Postweg 4, Amerang, Tel. 08075/18 59 18)** etwa wird traditionell Bayerisches neu kreiert. Gesund genießen heißt es auch im **Biohotel Rose (Aichelauer Str. 6, Hayingen-Ehestetten, Tel. 07383/94980, www.rose-ehestetten.de)** auf der Schwäbischen Alb, denn die innovative Küche von Simon Tress hat den Segen von Bioland und Demeter. Und gleich noch eine Rose verführt mit Kreationen in Bio-Qualität: Im Bühlertal hat sich eines der besten vegetarischen Restaurants der Republik versteckt. In der **Rose (Ortsstr. 13, Vellberg-Eschenau, Tel. 07907/22 94, www.eschenau-rose.de)** wirkt „Kräuterkoch" Jürgen Andruschkewitsch und zaubert mit frischen, regionalen Zutaten köstlich Fleischloses, auf Wunsch Veganes oder auch Trennkost.

Erholung leicht gemacht

Viele attraktive WellVital-Angebote und jede Menge Informationen rund um das Thema Wellness und Gesundheit in Bayern finden Sie unter **www.wellvital.by**

Wellness-Stars leuchten in Baden-Württemberg über Wellness-Hotels, Thermen und Hotels mit Medical-Wellness-Angeboten und erleichtern die Suche: **www.wellness-stars.eu**

www.wanderbares-deutschland.de Die Plattform für Informationen rund um das Wandern in Deutschland!

Geheimtipp: Schlemmerradeln im Saarland 6 Übernachtungen mit Frühstück im DZ, 6 abwechslungsreiche Abendmenüs, Gepäcktransfer, Infopaket, ab 2 Personen: **www.saarradland.de**

HA Hessen Agentur GmbH
Tel. 0611/774 80 91, **www.hessen-tourismus.de**

Nordrhein-Westfalen Tourismus e. V.
Tel. 0221/17 94 50, **www.nrw-tourismus.de**

Rheinland-Pfalz Tourismus GmbH
Tel. 0261/91 52 00, **www.rlp-info.de**

Tourismus Marketing Gesellschaft Sachsen mbH
Tel. 0351/49 17 00, **www.sachsen-tour.de**

Thüringer Tourismus GmbH
Tel. 0361/374 20, **www.thueringen-tourismus.de**

Ihr Kurzreiseführer für Deutschland: www.kurz-nah-weg.de

Kurz nah weg
Urlaub in Deutschland

Urlauben Sie wohl!

Wellness heißt das Zauberwort entspannten Urlaubens zwischen Rügen und Berchtesgaden. Massagen und Anwendungen, gesundes Essen und Bewegung in der Natur garantieren eine gesunde und aktive Auszeit.

„Einmal Heubett, bitte!"

Verwöhnland Deutschland: Im **Hotel Hubertus (Dorf 5, Balderschwang, Tel. 08328/92 00, www.hotel-hubertus.de)** im Allgäu etwa werden Sie fit durch heiße Kräuterstempel, durch Aromamassagen und Stirnölgüsse – oder Sie relaxen gleich im nach Bergkräutern duftenden Heubett. Im ersten rheinland-pfälzischen Biohotel, **Menschels Vital Resort (Naheweinstr., Bad Sobernheim, Tel. 06751/850, www.menschel.com)** kuren Sie in Sobernheimer Heilerde, wählen etwas aus der riesigen Palette von Yoga und Meditation über Fitness und Beauty-Anwendungen im Thermenbereich – und schlemmen bewusst vegetarisch oder genießen hervorragende Fischgerichte.

Wellness: mit allen Sinnen genießen

Frischluft-Schocks

Wandern ist Meditation in Bewegung, und der **Rennsteig (www.rennsteig.de)** bietet gleich 168 km pure Gehfreude. Einer der beliebtesten deutschen Wander-, Nordic Walking- und Radwege bietet im Thüringer Wald phantastische Ausblicke, sogar im Winter. Denn dann verwandelt sich der Rennsteig in eine traumhafte Langlaufloipe. Traumhafte Aussichten bietet auch Vater Rhein auf einer **Rheinwanderung (320 km, www.rheinsteig.de)** von Bonn nach Wiesbaden. Wer gerne mit Seil und Haken unterwegs ist, findet in der **Sächsischen Schweiz**, in der **Fränkischen Schweiz** und im **Pfälzer Wald** jede Menge steile Wände. Und für alle, die's schneller mögen: Beim **Mountainbiken im Schwarzwald (www.mountainbike-schwarzwald.de)** warten Traumtouren auf Anfänger und Profis. **Inline-Skater** finden ihr Eldorado am Rhein – eine der längsten Strecken der Republik mit über 70 km zwischen Karlsruhe und Mannheim **(nur für Geübte, www.inline-strecken-fuehrer.de)**.

Traummomente am Strand
im Seebad Usedom

Auch wer sich in Richtung Bayern aufmacht, gerät ob der Anzahl der Seen vor den Toren Münchens nicht selten in Entscheidungsnot: die Promenaden und Cafés zwischen **Starnberger-** und **Ammersee**, der Blick vom **Forggensee** aufs **Schloss Neuschwanstein**, die **Oldtimertouren rund um den Chiemsee (www.oldtimer-auf-touren.de)**, das Ursprüngliche an **Tegern-** und **Walchensee (www.walchensee.de)**, dessen Thermik unter anderem auch viele Drachen- und Gleitschirmflieger anlockt. Aber auch ganz stille Badejuwele mit verträumten Buchten und Stegen laden zum Sprung ins kühle Nass ein – mit **Geroldsee (www.gap-info.de)**, **Grubsee** und **Barmsee (www.kruen.de)** schmiegen sich gleich drei in die zauberhafte Buckelwiesenlandschaft zwischen Wetterstein und Karwendel.

Infos und Adressen für Aktive

Tourismus-Marketing GmbH Baden-Württemberg
Tel. 01805/55 66 90 (€ 0,14/Min.), **www.tourismus-bw.de**

Bayern Tourismus Marketing GmbH
Tel. 089/212 39 70, **www.bayern.by**

TMB Tourismus-Marketing Brandenburg GmbH
Tel. 0331/29 87 30, **www.reiseland-brandenburg.de**

Tourismusverband Mecklenburg-Vorpommern e.V.
Tel. 0381/403 05 00, **www.auf-nach-mv.de**

TourismusMarketing Niedersachsen GmbH
Tel. 01805/18 07 00 (€ 0,14/Min.), **www.reiseland-niedersachsen.de**

Tourismus-Agentur Schleswig-Holstein GmbH
Tel. 01805/60 06 04 (€ 0,14/Min.), **www.sh-tourismus.de**

Ihr Kurzreiseführer für Deutschland: www.kurz-nah-weg.de

Kurz nah weg – Urlaub in Deutschland

Hohe See, süße Wasser

Darf's ein bisschen Meer sein? Oder doch eher eine Seenplatte, eine Mecklenburgische vielleicht? Wasserratten und Wandervögel finden in Deutschland jede Menge Spielwiesen: am Strand, am Ufer eines Sees oder an den Flüssen.

Wir sehen uns an der See

Satte 2400 km ist sie lang, die Küste von Nord- und Ostsee – viel Platz für jede Menge Unternehmungen. Zum Beispiel eine geführte Wanderung durch die einzigartige Welt des ostfriesischen **Wattenmeers (www.nationalpark-wattenmeer.de)**. Die sieben ostfriesischen Inseln – von **Borkum bis Wangerooge (www.ostfriesische-inseln.de)** – bieten mit ihren Sandstränden und vielen Kulturevents den perfekten Inselurlaub. Feinschmecker auf Sylt zieht es in den **Söl'Ring Hof (Am Sanswall 1, Tel. 04651/83 62 00, www.soelring-hof.de)** in Rantum, wo der mit zwei Sternen dekorierte Johannes King kocht. Beachvolleyballer, Wind- und Kite-Surfer kommen in **St. Peter-Ording** auf ihre Kosten, Romantiker dagegen erleben malerische Momente auf dem Darß in der **Künstlerkolonie Ahrenshoop**. Und natürlich begeistert Rügen, die größte Insel Deutschlands – egal, ob Sie zu den **Störtebeker-Festspielen (www.stoertebeker.de)** nach Ralswiek unterwegs sind, die **Seebrücke von Sellin** mit ihrem Jahrhundertwende-Charme bewundern oder die klassizistischen Architekturkleinode der alten Kurorte von **Binz** bis **Putbus** genießen. Und wer's bis zum **Kap Arkona (www.kap-arkona.de)** schafft, hat den nördlichsten Hochzeitsort der Republik erreicht: Im hübschen alten Leuchtturm kann man sich das Ja-Wort geben.

Süßwasser macht an

Wer je auf der **Mecklenburgischen Seenplatte (www.mecklenburgische-seenplatte.de)** mit dem Hausboot durchs verzweigte Wassernetz von 4000 Seen, Flüssen und Kanälen geschippert, von der Müritz bis Neustrelitz gepaddelt **(www.mueritz.de)** oder mit einem Kajak durch die grünen Arkaden des **Spreewaldes (www.spreewald-info.com)** gestreift ist, wird garantiert zum Wiederholungs-Wasserwanderer. Und wer einmal im nostalgischen **Augustabad in Neubrandenburg** war, an den wunderschönen Stränden des **Wustrower** oder **Krakower Sees**, schwört auf Urlaubsziele, die in wenigen Stunden erreichbar sind – was übrigens auch auf den Süden der Republik zutrifft. Am Bodensee locken die Strandpromenaden von **Konstanz (www.konstanz.de)** und **Lindau (www.lindau.de)**, die **Schiffe der weißen Flotte (www.bsb-online.com)** und die **Blumeninsel Mainau (www.bodensee-tourismus.com)**.

Bärenstark: Berlin

Trend liegt die Elbstadt auch mit dem **Thalia Theater (Raboisen 67, Tel. 040/328 14 44 44, www.thalia-theater)**, dem „Theater des Jahres 2007". Kultur-Höhepunkte warten in den **Deichtorhallen (Deichtorstr. 1–2, www.deichtorhallen.de)**, ein Shopping-Highlight sind die **Colonnaden (www.colonnaden.info)**. Feinschmecker zieht es ins **Poletto (Eppendorfer Landstr. 145, Tel. 040/480 21 59, www.poletto.de)**, wo die besternte TV-Köchin Cornelia Poletto zaubert.

Sexy Hauptstadt

„Berlin, Berlin, wir fahren nach Berlin!" – Willkommen in der vielgestaltigsten, geschichtsträchtigsten und urbansten Stadt Deutschlands. Wer mag, kann sie mit dem berühmten **BVG-Linienbus Nr. 100** vom Bahnhof Zoo aus erobern, zum Pflichtprogramm gehört natürlich die gläserne **Reichstagskuppel** von Sir Norman Foster. Im **Tipi (Große Querallee, Tiergarten, Tel. 0180/327 93 58, www.tipi-das-zelt.de)** am Kanzleramt locken Kabarett und Comedy vom Feinsten, dasselbe gilt für die Küche im Art-déco-Juwelchen der Promi-Köchin **Sarah Wiener (im Hamburger Bahnhof, Invalidenstr. 50–51, Tel. 030/70 71 36 50, www.sarahwieners.de)**. So gestärkt shoppt es sich gleich viel leichter in der Designstadt Berlin. Auch das Schlangestehen vorm **Berliner Ensemble (www.berliner-ensemble.de)** lohnt, ebenso wie Tickets für die **Volksbühne (www.volksbuehne-berlin.de)**, die **Deutsche Oper (www.deutscheoperberlin.de)** oder fürs futuristische Ganzjahres-**Badeschiff (Eichenstr. 4, Alt-Treptow, Tel. 0178/950 01 63)** in der Spree.

Infos und Adressen in Deutschland

Geheimtipp: Barockviertel in Dresden! Der Reiz dieses einzigartigen Viertels – vis à vis der berühmten Altstadt Dresdens gelegen – offenbart sich bei einem Streifzug durch die gut erhaltene und liebevoll restaurierte Architektur mit ihren kleinen Gassen und Innenhöfen voller künstlerischem und handwerklichem Schaffen. Buchung und Informationen unter **www.sachsen-tour.de**

Berlin Tourismus Marketing GmbH
Tel. 030/25 00 25, **www.berlin-tourist-information.de**

Hamburg Tourismus GmbH
Tel. 040/30 05 13 00, **www.hamburg-tourism.de**

Tourismusamt München
Tel. 089/23 39 65 00, **www.muenchen-tourist.de**

Ihr Kurzreiseführer für Deutschland: www.kurz-nah-weg.de

Kurz nah weg
Urlaub in Deutschland

Ab in die Stadt!

In die Weltstadt mit Herz eintauchen? Das Tor zur Welt besuchen? Oder Berliner Luft schnuppern? Die Metropolen München, Hamburg und Berlin bieten jede Menge Kultur, Events und neue Aussichten auf einen Tapetenwechsel!

Eine bayerische Liebe

Manche behaupten, Deutschlands südlichste Großstadt sei ein italienischer Vorposten. In Sachen Lebensart sind die Münchner jedenfalls weit vorn: Man flaniert über den Viktualienmarkt, picknickt im Englischen Garten, trifft sich in Schwabinger Cafés oder stöbert in den unkonventionellen Läden des angesagten Glockenbachviertels und rund um den Gärtnerplatz. Für Kulturinteressierte ist die **Pinakothek der Moderne (Barer Str. 40, www.pinakothek.de)** eine erste Adresse für Kunst des 20. und 21. Jhs., es begeistern die **Kammerspiele** und das **Bayerische Staatsschauspiel (www.muenchner-kammerspiele.de; www.bayerischesstaatsschauspiel.de)**. Dass auch der kulinarische Genuss hier bei der Weißwurst nicht aufhört, versteht sich von selbst. Die Küche im schwer angesagten **Hippocampus (Mühlbaurstr. 5, Bogenhausen, Tel. 089/47 58 55, www.hippocampus-restaurant.de)**? Superedel, natürlich!

Die nicht ganz so Kühle aus dem Norden

Von wegen steife Nordlichter – in Hamburg bewegt sich jede Menge. Die exquisite Mischung von moderner Architektur und restaurierter historischer Bausubstanz bestimmt etwa das Gesicht des neuen Stadtviertels **HafenCity (Am Sandtorkai 30, www.hafencity.com)**. Im

Blick in die Zukunft: Hafencity Hamburg

Kurzurlaub in Deutschland

Inhalt

Foto: DB AG/Kirsche
DIE EUROPÄISCHE
Reiseversicherung
Mit Sicherheit Deutschland.
In Kooperation mit
DB BAHN

MARCO POLO

Kurzurlaub in Deutschland

in Kooperation mit der
Deutschen Zentrale für Tourismus e. V.

MARCO POLO

OSTSEEKÜSTE
SCHLESWIG-HOLSTEIN

Reisen mit Insider Tipps

Die Ostseeküste Schleswig-Holsteins hat zusammen mit dem herrlichen Hinterland weitaus mehr zu bieten als nur Meer.

MARCO POLO Korrespondentin
Sabine Spatzek

(siehe S. 127)

Spezielle News, Lesermeinungen und Angebote zu Ostseeküste:
www.marcopolo.de/ostseekueste-sh

OSTSEEKÜSTE

> SYMBOLE

Insider Tipp **MARCO POLO INSIDER-TIPPS**
Von unseren Autorinnen für Sie entdeckt

★ **MARCO POLO HIGHLIGHTS**
Alles, was Sie an der Ostseeküste Schleswig-Holstein kennen sollten

SCHÖNE AUSSICHT

WLAN-HOTSPOT

▶▶ **HIER TRIFFT SICH DIE SZENE**

> PREISKATEGORIEN

HOTELS

€€€ über 100 Euro
€€ 80–100 Euro
€ unter 80 Euro

Die Preise gelten für ein Doppelzimmer mit Frühstück in der Hochsaison

RESTAURANTS

€€€ über 17 Euro
€€ 12–17 Euro
€ unter 12 Euro

Die Preise gelten für ein Hauptgericht ohne Getränk

> KARTEN

[112 A1] Seitenzahlen und Koordinaten für den Reiseatlas Schleswig-Holstein
Karten zu Kiel und Lübeck finden Sie im hinteren Umschlag

[0] außerhalb des Kartenausschnitts

Zu Ihrer Orientierung sind auch die Orte mit Koordinaten versehen, die nicht im Reiseatlas eingetragen sind

INHALT

> SZENE

S. 12–15: Trends, Entdeckungen, Hotspots! Was wann wo an der Ostseeküste los ist, verraten die MARCO POLO Szeneautoren vor Ort

> 24 STUNDEN

S. 96/97: Action pur und einmalige Erlebnisse in 24 Stunden! MARCO POLO hat für Sie einen außergewöhnlichen Tag in Kiel zusammengestellt

> LOW BUDGET

Viel erleben für wenig Geld! Wo Sie zu kleinen Preisen etwas Besonderes genießen und tolle Schnäppchen machen können:

In Flensburg gibt's Seefahrerhistorie gratis S. 36 | Damp: ohne Gebühr an den Strand S. 43 | Musik zum Nulltarif in Eckernförde S. 53 | Kostenlose Partnervermittlung im Dodauer Forst S. 61 | Auf Fehmarn ist die Burgbesichtigung umsonst S. 82

> GUT ZU WISSEN

Was war wann? S. 10 | Spezialitäten S. 26 | Blogs & Podcasts S. 34 | Bücher & Filme S. 66 | Ganghäuser in Lübeck S. 76

AUF DEM TITEL
Angesagte Clubs, Kultur und Konzerte: Fabriken als Event-Locations S. 13
Mississippi-Atmosphäre: Raddampfertour auf der Schlei S. 41

ENTDECKEN SIE DIE OSTSEEKÜSTE!

Unsere Top 15 führen Sie an die traumhaftesten Orte und zu den spannendsten Sehenswürdigkeiten

Die Highlights sind in der Karte auf dem hinteren Umschlag eingetragen

1 Kieler Woche
Das größte Segelsportereignis der Welt (Seite 23)

2 Flensburg
Dänische Gemütlichkeit und ein lebhafter Hafen machen die nördlichste Stadt Deutschlands so liebenswert (Seite 31)

3 Fördetörns
Alte Technik, die lebt: unterwegs auf der Flensburger Förde mit dem einzigen noch seetüchtigen Kohledampfer von 1908 (Seite 33)

4 Museumseisenbahn
Dampfeiserne Romantik zwischen Kappeln und Süderbrarup: Reisen wie zu Großvaters Zeiten (Seite 40)

5 Schloss Gottorf
Bedeutende Kunstsammlungen, eine fahrbare Weltkugel und ein prächtiger Barockgarten in Schleswig (Seite 44)

6 Wikinger-Museum Haithabu
An der ersten großen Wikingersiedlung Haithabu begeistern Tausende Originalfunde (Seite 44)

7 Schleusenanlagen
Ozeanriesen hautnah: Kreuzfahrtschiffe und Frachter fädeln sich in die Schleuse in Kiel-Holtenau ein (Seite 51)

8 Molfsee
Landleben von einst im Freilichtmuseum in der Nähe von Kiel: 70 wieder aufgebaute Gebäude in idyllischer Landschaft (Seite 55)

> DIE BESTEN MARCO POLO HIGHLIGHTS

9 5-Seen-Fahrt und Kellersee-Fahrt
Während einer Bootsfahrt auf den malerischen Seen der Holsteinischen Schweiz kann man immer wieder Zwischenstation machen (Seite 58)

10 Eutin
Die klassizistisch geprägte Kleinstadt galt um 1800 als „Weimar des Nordens" (Seite 59)

11 Fehmarn
Schleswig-Holsteins einzige Ostseeinsel lockt mit an die 2000 Sonnenscheinstunden im Jahr (Seite 68)

12 Meereszentrum
Auf Fehmarn patrouillieren in einem der größten Aquarien Europas Haie und Schwarmfische um ein Wrack (Seite 70)

13 Lübeck
Weltkulturerbe mit Flair: Die einstige „Königin der Hanse" besticht mit Backsteingotik, Marzipan, idyllischen Altstadtgängen und einer lebendigen Kunst- und Kulturszene (Seite 75)

14 Travemünde
Im ältesten Seebad an der schleswig-holsteinischen Ostseeküste genoss schon Thomas Mann die Sommerfrische – „Lübecks schönste Tochter" verbindet heute Tradition und Moderne (Seite 87)

15 Hansa-Park Sierksdorf
Von Achterbahn bis Zirkus: Dieser riesige Freizeitpark direkt am Meer, dessen bunte Karussells schon von weitem zu sehen sind, ist nicht nur für Kinder ein Erlebnis (Seite 105)

Fehmarn: Flügger Leuchtturm

Die Ostseeküste Schleswig-Holsteins nimmt in der Gunst der Urlauber in Deutschland seit Jahrzehnten einen Spitzenplatz ein – und das mit gutem Grund. Die Region zwischen Flensburg im Norden und Lübeck im Süden hat zusammen mit dem herrlichen Hinterland weitaus mehr zu bieten als nur Meer. Hier sind so viele verschiedenartige Landschaften, geschichtsträchtige Städte und Dörfer, attraktive Kulturangebote, Sport-, und Erlebnismöglichkeiten versammelt, dass auch Stammgäste immer wieder Neues entdecken. Zu Wasser und zu Land bietet Schleswig-Holsteins Ostseeküste so gut wie alles, was das Urlauberherz begehrt.

> Küsten gibt es viele, doch kaum eine zeigt sich so zugänglich und vielfältig wie die 384 km lange Ostseeküste Schleswig-Holsteins. Weitläufige Badestrände wechseln sich ab mit nahezu menschenleeren Strandabschnitten. Pulsierende Seebäder bieten ein breites Spektrum von Gesundheits- und Freizeitangeboten. Traditionsreiche Fischerorte und Hafenstädte laden zum gemächlichen Bummel in maritimer Atmosphäre ein. Der Veranstaltungskalender ist vor allem in der Sommersaison prall gefüllt. Und wem das noch nicht genügt, dem bieten sich nur wenige Kilometer vom Meer entfernt eine Vielzahl von landschaftlichen und kulturellen Sehenswürdigkeiten. So findet zwischen Flensburg und Lübeck jeder Urlaubsgast hervorragende Bedingungen für einen gelungenen Urlaub – ob Segler, Surfbrettartist, Feinschmecker, Festivalgänger, Wellnessjünger oder Naturliebhaber.

Familien mit Kindern lieben den sanft ins Ostseewasser eintauchenden Strand, an dem nicht Ebbe und Flut das Badevergnügen bestimmen, sondern die Urlauber selbst. Steilküsten etwa entlang der Halbinseln Schwansen und Dänischer Wohld lassen einen grandiosen Blick über die Ostsee zu. Zunehmendes Qualitätsbewusstsein sowie neue Wellnessprogramme und Freizeitangebote prägen die moderne Tourismuswirtschaft an Schleswig-Holsteins Ostküste.

> Wellness und Fitness sind angesagt an der Ostseeküste

Strände und Seeufer genießen schon seit längerem besonderen Schutz. Wald- und Feldwege zum Wandern sowie Radfahren gibt es in Schleswig-Holstein in Hülle und Fülle.

Kultur erleben ist ein weiteres Stichwort. Man besucht Konzerte des Schleswig-Holstein-Musikfestivals, Kunstausstellungen, Kirchen, Museen, Städte, Schlösser und Herren-

Romantisch: Im Herzen der Holsteinischen Schweiz liegt der rundum bewaldete Ukleisee

häuser. Auf kreative Urlauber warten u.a. interessante Malkurse, Koch- und Töpferseminare.

Viele Ostseebäder haben eine lange Tradition, begann doch der erste bescheidene Badebetrieb im Bereich der Travemündung Anfang des 19. Jhs. Das gesunde Seeklima lockte die feine Gesellschaft der großen Städte an die Küste

Und auch heute ist in den Traditionsbädern an der Lübecker Bucht immer noch am meisten los. Dicht gedrängt liegen sie hintereinander. Je weiter man nach Norden kommt, umso urtümlicher werden die Strände, die Abstände zwischen den einzelnen Ferienorten größer. Im nördlichen Angeln und an der Flensburger Förde findet man weitläufige Badestrände, hohe Steilufer, Buchten und Wälder. Im Hinterland breitet sich eine fruchtbare Bauernlandschaft mit Dörfern, Feldsteinkirchen, Knicks

und Windmühlen aus. Die Schlei, eine lange, romantische Förde, ist lieblicher, bildet eine Landschaft für sich. Schwansen schließt sich an, jene Halbinsel, auf der große Güter und Herrenhäuser entstanden und wo man Schleswig-Holstein pur erleben kann. Die Halbinsel zwischen der Eckernförder Bucht und Kiel heißt Dänischer Wohld.

Die Landeshauptstadt Kiel liegt eingebettet in die trichterförmig zulaufende Kieler Förde. Von deren Ufern und Stränden genießen Flaneure einen herrlichen Blick auf die ein-

> Seebäder, Steilküsten und Segelschiffe

und ausfahrenden Schiffe. Kiel ist Deutschlands größter Passagierhafen und wichtiger Schiffbaustandort. Die fruchtbare Probstei mit ihren Sandstränden an der Ostseite der Kieler Bucht hat stattliche Bauernhöfe und reiche Dörfer, die einst zum Kloster Preetz gehörten. Südlich schließt sich die seenreiche Holsteinische Schweiz an.

Viele Facetten prägen die Landschaft im Osten Schleswig-Holsteins: Das Hinterland mit seinen hübschen Dörfern, den Bauernhöfen, Backsteinkirchen, Feldern und Alleen bietet einen reizvollen Kontrast zu den Stränden. Besonders schön ist die Landschaft im Mai, wenn der Raps goldgelb blüht. Unvergleichlich ist auch der Spätsommer mit seinen braunen Stoppelfeldern und den satten Tönen der bunten Dahlien.

WAS WAR WANN?

Geschichtstabelle

um 7500 v. Chr. Erste nachweisbare Besiedlung Ostholsteins

800–1100 In der Wikingerzeit wurde Haithabu (bei Schleswig) zur ersten Handelsstadt Nordeuropas

1226 Lübeck wird Führungsmacht der Hanse

1386 Die Grafen von Schauenburg erwerben das Herzogtum Schleswig als dänisches Lehen

1460 Personalunion mit Dänemark: Dänenkönig Christian I. wird zum Herzog von Schleswig und Grafen von Holstein gewählt. Holstein bleibt Reichslehen. Vertrag von Ripen (Unteilbarkeit beider Territorien)

1864 Deutsch-dänischer Krieg: Abtretung der beiden Herzogtümer an Preußen und Österreich

1866 Preußisch-österreichischer Krieg: Schleswig-Holstein wird preußische Provinz

1920 Nordschleswig fällt durch Volksabstimmung an Dänemark

1946 Schleswig-Holstein wird Bundesland. Durch Flüchtlinge und Vertriebene verdoppelt sich seine Einwohnerzahl

1955 Deutsch-dänische Grundsatzerklärung: Sonderstatus der jeweiligen Minderheit in Süd- und Nordschleswig

1963 Fertigstellung der Fehmarnsund-Brücke (Vogelfluglinie)

1999 Günter Grass, der bei Lübeck lebt, erhält den Nobelpreis für Literatur

2005 Peter Harry Carstensen löst Heide Simonis, die erste Frau im Amt eines Ministerpräsidenten in Deutschland, ab

Wie die Bewohner anderer deutscher Bundesländer haben auch die Küstenmenschen Schleswig-Holsteins ihren Ruf: „Dröge“ seien sie, sagt man ihnen nach. Man spricht, was zu besprechen ist, verbirgt sein Inneres oft hinter einer rauen Schale. Dafür aber gelten Zuverlässigkeit und Hilfsbereitschaft auch den Fremden gegenüber als Tugenden. Ihr Dialekt, das Plattdeutsche, wird in etlichen Variationen – vorwiegend auf dem Lande – noch gern gesprochen.

Grob gegliedert schuf die Eiszeit in Schleswig-Holstein drei Landschaftszonen: die fruchtbaren Marschen an der Westküste, den sandigen Mittelrücken der Geest und das bewaldete östliche Hügelland, reich an Seen und fetter Ackerkrume mit seiner Fördenküste. Etwa 8000 v. Chr. siedelten sich in dieser Gegend die ersten Menschen an. Schleswig-Holsteins jüngere Geschichte ist verworren, ein ewiges Vor und Zurück geprägt von deutsch-dänischen Auseinandersetzungen. Mal hat die dänische Krone das Sagen, mal die Herzöge von Gottorf. Herausragend ist der 15. August 1386, der als Geburtstag des „Bindestrich-Landes“ gilt. Schleswig kam als erbliches dänisches Lehen an den holsteinischen Grafen Gerhard VI. „Getauft“ wurde es dann 1460, als die schleswig-holsteinischen Räte König Christian I. von Dänemark zum Landesherrn wählten. Im Ripener Freiheitsbrief wurde mit eindrucksvollen Siegeln dokumentiert, dass Schleswig und Holstein „auf ewig ungeteilt“ zusammenbleiben sollten. Diese Ewigkeit war allerdings nicht von langer

Dauer, und die Zwistigkeiten setzten sich bis zum Beginn des 20. Jhs. fort. Als Schleswig-Holstein 1866 zur preußischen Provinz wird, kommt es zu Konflikten mit der dänischen Minderheit. Durch Volksabstimmung wird 1920 eine neue Grenze zwischen beiden Ländern festgelegt, ein Drittel der Provinz gehört nun zu Dänemark. Auch heute noch gibt es im dänischen Nord-Schleswig eine deutsche Volksgruppe mit eigenen Schulen, und südlich der Grenze lebt eine dänische Minderheit, die auch im Landtag vertreten ist.

> ***Harmonie zwischen Landschaft, Wasser und Himmel***

Wer Urlaub an der Ostseeküste macht, spürt nicht nur den Wind im Gesicht, sondern auch die Frische der Luft und den Geruch des Meeres. Das Leben im Norden prägte nicht nur den Charakter der Einwohner, sondern auch eine besondere Art des Urlaubs: Im Wortsinn nahe liegend sind hier die Natur und das Meer. Beides bescherte den Schleswig-Holsteinern, die noch heute zum Teil vom Fischfang und von der Seefahrt leben, über den Tourismus eine Existenzgrundlage. Und die Urlauber? Die können hier Atem holen, Ruhe und Besinnlichkeit finden. Es ist ein simpler Dreiklang, der Schleswig-Holstein so besonders macht: die Harmonie zwischen Landschaft, Wasser und Himmel.

Flensburg, Deutschlands nördlichste Stadt, hat Flair, wie hier auf dem Nordermarkt

TREND GUIDE OSTSEEKÜSTE SCHLESWIG-HOLSTEIN

Die heißesten Entdeckungen und Hotspots! Unsere Szene-Scouts zeigen Ihnen, was angesagt ist

Lars Vahlbruch, Benjamin Sacha
Die Szene-DJs Lars Vahlbruch und Benjamin Sacha sind die Gründer von *newstereo*, dem wohl unkonventionellsten Partykonzept in Lübeck. Seit 2003 kämpfen sie mit coolen Events gegen den kommerziellen Einheitsbrei an, um den Anspruch des hanseatischen Nachtlebens hoch zu halten. Kaum jemand kennt die Szene an der Küste besser als die beiden.

LÜBECK ROCKT

Der Mix macht's

Die Musikszene wächst und mit ihr neue Labels und Studios. In keiner anderen Stadt an der Ostsee ist die Musikerdichte so hoch wie in Lübeck und die Fans supporten ihre Helden ohne Ende. Allen voran: *Sencha*. Die Band um Sängerin Birte Mumm spielt einen Mix aus Drum 'n' Bass, Pop und Trip-Hop und tourt durch ganz Norddeutschland *(www.senchamusic.com)*. Acht Köpfe und ein Motto: Tanzen gegen den Stillstand. Die Band *3Ecksperiment* lässt sich nicht einordnen und die Mitglieder experimentieren mit unterschiedlichen Beats aus Rock, Ska, Punk und Hip-Hop *(www.3xp-online.de)*. Gefeatured wird die Combo von *Northcoast Records*. Das Rap-, Hip-Hop- und Funk-Label, mit eigenem T-Shirt- und Plattenladen, ist vor allem Anlaufpunkt für Newcomer *(Beckergrube 90, www.northcoast-rec.de,* Foto*)*.

FABRIKEN IN NEUEM DESIGN

Zweckentfremdet

Leerstand ist Stillstand! Genau aus diesem Grund halten in alten Lagerhäusern und Industriegebäuden neue Eigentümer Einzug und verwandeln die Hallen in coole Clubs oder stylishe Gastro- und Event-Locations. Wo bis 1902 dicke Eisblöcke gestapelt wurden, wird heute heiß getanzt. Der frühere Eisspeicher wurde als *Eishaus* kurzerhand zur Partyzone erklärt und die Mottopartys wie *Studio 54* oder *Polnische Nacht* locken die Nachtschwärmer in die alten Gemäuer *(Geninerstr. 19, Lübeck, www.eishausluebeck.de,* Foto*)*. Die Kieler Fischräucherei aus dem Jahr 1913 mutierte zum Restaurant. Inmitten der alten Räucheröfen gibt's jeden Sonntag Brunch und regelmäßige Live-Events *(Werftstr. 5–7, www.fabrik-kiel.de)*. Lust auf Action? Im *Kühlhaus* steht sie im Vordergrund: Hier findet man einen Skate- und BMX-Parcours und Events wie Poetry Slams und Kurzfilmfestivals werden auf die Beine gestellt *(Mühlendamm 25, Flensburg)*.

BEACH-CHILLOUT

Relaxen mit Blick aufs Meer

Neue Lounges im Südseestil erobern die Küste. Lässig-Image und coole Konzepte machen die Locations zu absoluten Hotspots. Die erste Designarea – der *Blue Monkey Beachclub* – wurde im Sommer 2007 in Scharbeutz eröffnet. Hier lässt man sich auf weißen Kissen nieder, hört Easy-Listening-Musik und nippt an seinem Drink *(Strandallee 130 a, www.bluemonkey-beachclub.de,* Foto*)*. Auch die anderen Orte ziehen mit: Beachbars in Damp, Travemünde, Grömitz und Großenbrode sind geplant. Jeden Freitag im Sommer zieht es die Kieler zur *Deichperle*, denn hier ist Grillen und Chillen aufm Deich angesagt. Wo man sich nachmittags zu Kaffee und Kuchen trifft, tanzt man abends barfuß im Sand oder relaxed im Liegestuhl und lauscht den DJ-Beats *(Deichweg 24, Kiel-Friedrichsort, www.deichperle-kiel.de)*.

DER FUNK LEBT

Feel the Rhythm

Immer mehr Bands und Clubs mischen Funk mit Hip-Hop und Soul. Im *Funky Monkey Klub* gibt's die Töne aus der Dose *(www.funkymonkeyclub.de)*. Wer's lieber live mag, groovt auf den Konzerten der *Fanalistics*. Die sechsköpfige Psychedelic-Funk-Combo aus Lübeck gibt mit Sax und Trompete den Ton an *(www.fanalistics.de,* Foto*)* und auch *Funkhaus* lieben es live. Ihr Soul-Funk ist eine Mischung aus Maceo Parker und Prince *(www.funk-haus.com)*.

EXTREMWALKING

Im Eiltempo über die Deiche

Nordic Walking kennt jeder, aber jetzt wird der Sport zum Outdoor-Abenteuer gesteigert: *Nordic Trekking* ist angesagt und die neue Lieblings-Freizeitbeschäftigung der Locals. Schwierige Trekking-Routen und lange Distanzen über mehrere Tage machen den Sport aus. Dabei sind Strecken mit bis zu 23 km pro Tag keine Seltenheit. Der Tourismusservice Malente bietet ausgefeilte Touren an *(Bahnhofstr. 3, Bad Malente-Gremsmühlen, www.bad-malente.de)*. Drei Tage ist man beim *Nordic Trekking* am Ostseefjord Schlei unterwegs. Die anspruchsvolle Strecke am einzigen Fjord Deutschlands hat es in sich, hier ist Kondition gefragt *(Königstr. 3, Süderbrarup, www.ostseefjordschlei.de,* Foto*)*.

DO THE STACKING

Je schneller desto besser

Beim *Stacking* ist Geschicklichkeit gefragt. Schließlich müssen zwölf Plastikbecher zu einer Pyramide auf- und wieder abgestapelt werden. Sieger ist, wer es am schnellsten schafft. Klingt verrückt? Ist es auch! Und trotzdem ist der Sport an der Ostseeküste mit Turnieren und Meisterschaften total angesagt, nicht zuletzt wegen Sascha Görtz (Foto). Der mehrmalige deutsche Meister und Weltmeister im *Sport Stacking* hat die Sportart an der Küste beliebt gemacht und veranstaltete u. a. den *1. Flensburger Sparkassen Stack (www.stapelmeister.de)*. Die Stadt ist mittlerweile ein wahres Stapelmekka und war schon Austragungsort der *ISSF-Europameisterschaft* im *Sport Stacking (www.issf.info)*.

PUBLIKUMSMAGNETEN

Ungewöhnliche Events machen das Rennen

Die Nordlichter lieben es unkonventionell: Witzige Events locken nicht nur Zuschauer an, sondern sind auch die Highlights bei den Partypeople. Allen voran: der *Beachsoccer Ostsee Cup*. Beim Fußballspielen im Sand ist Action angesagt. Die Mannschaften spielen sich von Turnier zu Turnier und von Stadt zu Stadt und haben immer die nächste Runde vor Augen. Über 20 teilnehmende Mannschaften werden gefeiert und angefeuert. Höhepunkt: das Nachtspiel in Laboe mit riesiger Strandparty, Cocktails und Beats bis in die frühen Morgenstunden *(www.beachsoccer-ostsee.de)*. Noch mehr einmalige Action gibt's beim *Sky-Cup*, einem wilden Seifenkistenrennen. Teilnehmen kann, wer eine Seifenkiste mit vier Rädern und einer funktionierenden Bremse hat. Logisch: Wer was auf sich hält, bastelt seinen fahrbaren Untersatz selbst *(www.laboe.de,* Foto*)*.

EXPERIMENTELLE KUNST

Erstaunliches an Wänden und in Parks

Die Kreativen an der Küste beschäftigen sich vor allem mit abgefahrenen Materialien der Region und sind gerade deshalb Kult wie Silvia Feuersenger. Die norddeutsche Künstlerin lebt in Flensburg und verarbeitet angespültes Treibholz. Die vom Salzwasser ausgelaugten und extrem geformten und verbogenen Holzstücke werden zu farbigen Skulpturen verarbeitet. Auch der Bildhauer Johannes Caspersen *(www.johannes-caspersen.de,* Foto*)* gestaltet seine Werke in ungewöhnlicher Weise. Seine geschnitzten und lebensgroßen Skulpturen werden teilweise sogar mit echter Kleidung geschmückt und sehen dann aus der Ferne täuschend real aus. Hauswände und Unterführungen sind die Projektionsflächen von Daniel Heger. Der Kunstsprayer, dessen riesige Graffitis in ganz Flensburg zu sehen sind, darf sogar hauptberuflich die Mauern der Stadt verschönern *(www.limpascal.de)*.

> HERRENHÄUSER, RAPS UND WIKINGER

Die Schlösser Schleswig-Holsteins und das bekannte Lübecker Marzipan begegnen wohl jedem Gast bei einem Besuch an der Ostseeküste

BERNSTEIN

Man entdeckt Bernstein meist am Ufer zwischen angespülten Algen und Seegras. In der Ostseeregion kommt der so genannte Baltische Bernstein vor. 300 verschiedene Bernsteinarten sind bekannt. Sie schimmern hellgelb bis orangerot, bräunlich oder gelblich weiß. Es handelt sich dabei um ein aus der Tertiärzeit stammendes, fossiles verhärtetes Baumharz, das vor 40 bis 50 Millionen Jahren herabtropfte und durch Flüsse dem Meer zugeführt wurde. Doch wie ist echter Bernstein zu erkennen? Er ist leichter als ein Stein, sodass er in konzentriertem Salzwasser schwimmt, und er lädt sich elektrostatisch auf. Der schnellste Test: Man klopft mit dem Stein vorsichtig an die Zähne, das klingt bei echtem Bernstein dann dumpf und matt.

Bild: Plön mit seinem Schloss

STICH WORTE

DÄNISCHE MINDERHEIT

Nach der jüngsten Grenzziehung zwischen Dänemark und Schleswig-Holstein 1920 bildete sich in Südschleswig eine dänische Minderheit. Flensburg ist bis heute ihre heimliche Hauptstadt. Hier erscheint auch die dänischsprachige Tageszeitung *Flensborg Avis*. Die Flensburger Touristinformation gibt Besuchern gern Tipps für einen Ausflug ins Nachbarland. In vielen Städten und Gemeinden im Norden Schleswig-Holsteins wurden dänische Kindergärten und Schulen gegründet. Das Verhältnis zwischen Deutschen und Dänen ist heute dank eines intensiven Kulturaustausches gut. Im Kieler Landtag ist die dänische Minderheit mit dem Südschleswigschen Wählerverband (SSW) vertreten.

ENDUNG „BY“

In Angeln und Schwansen, vor allem in der Schleigegend, enden viele Ortsnamen mit „by“, wie Sieseby, Barkelsby, Fleckeby. Daraus lässt sich schließen, dass der Ort vor etwa 1000 Jahren gegründet wurde. Denn von Schleswig bis hin zu den dänischen Inseln stand damals das Land unter der Herrschaft König Olafs von Schweden. Die schwedischen Siedler hatten bei der Gründung eines Ortes die Eigenheit, sich zu verewigen, indem sie an ihren Namen die Silbe „by“ hängten, was Ort oder Siedlung bedeutet. So wurde beispielsweise Sieseby einst von dem Schweden Sizo gegründet.

HERRENHÄUSER

Zu den schönsten Sehenswürdigkeiten in Ostholstein gehören die prächtigen Herrenhäuser und die imposanten Schlösser der einstigen Landesherren. Sie haben heute die unterschiedlichsten Funktionen. Im Schloss Gottorf bei Schleswig sind z.B. die Schleswig-Holsteinischen Landesmuseen untergebracht. Im Schloss Plön werden heute Optiker ausgebildet. Einige Herrenhäuser und Schlösser sind Kulisse für kulturelle Veranstaltungen, andere können nur auf Anfrage besichtigt werden. Man findet in einigen Anwesen Ferienwohnungen, und verschiedene Besitzer vermieten die Repräsentationsräume für private Festlichkeiten oder Tagungen. Etliche Häuser aber sind nur von außen zu bewundern, wie das barocke Güldenstein bei Lensahn. Gemeinsam mit den Besitzern bemüht sich das Amt für Denkmalpflege um deren Erhaltung.

KNICKS

Typisch für die ostholsteinische Bauernlandschaft sind Knicks. Sie begrenzen fast alle Äcker und bestehen überwiegend aus Schlehdorn, Haselsträuchern, Holunder, Weißdorn und

Weit reicht der Blick vom Bungsberg (168 m) über die Felder und Knicks bis zur Ostsee

Beliebtes Ausflugsziel: die Windmühle „Charlotte" in der Nähe von Gelting

Brombeeren. Knicks entstanden erstmals vor etwa 200 Jahren, als anlässlich der Bodenreform die Weideflächen in Privateigentum aufgeteilt wurden. Um Grenzstreitigkeiten zu vermeiden, mussten die neu geschaffenen Felder mit Wällen umgeben werden. Zum Schutz gegen überlaufendes Vieh wurden diese dann mit Hecken bepflanzt, die auch vor Wind schützten und Brennholz lieferten. Die Knicks bieten einen besonders reichen Lebensraum für Pflanzen und Tiere.

LEUCHTTÜRME

Als Navigationshilfen für die Schifffahrt wurden 1220 erstmals in Travemünde Leuchtfeuer eingesetzt. Die meist in den auffälligen Farben Rot und Weiß gehaltenen Leuchttürme gelten heute als Technikdenkmäler, viele von ihnen können besichtigt werden. An der Ostküste sind noch rund 20 Leuchttürme in Betrieb, davon fünf auf der Insel Fehmarn. Immer beliebter werden neuerdings standesamtliche Hochzeiten in den Leuchttürmen.

MARZIPAN

Auf der ganzen Welt ist Lübecker Marzipan ein Begriff. Um die verführerisch süße Masse aus Mandeln und Zucker ranken sich viele Legenden. Sicher ist, dass das Marzipan aus dem Vorderen Orient stammt. In den Lübecker Zunftrollen wird „Martzapaen" erstmals im Jahr 1530 erwähnt. Lübecks Ruf als „Marzipanstadt" wurde aber erst nach 1800 begründet.

MÜHLEN

Es gibt sie in Bock-, Turm- oder Erdholländerausführung: die Windmühle. Sie mahlte für den Bauern alles, was sie so zwischen die Mühlsteine bekam, meistens waren das natürlich Korn und Schrot. Das stürmische Schleswig-Holstein war ein Land der Windmühlen. Wassermühlen wurden nur selten gebaut. Im 19. Jh. gab es eine Mühle auf etwa 1000 Einwohner und rund 1000 Mühlen im ganzen Land. Etliche von ihnen wurden in den vergangenen Jahrzehnten wieder frisch aufgetakelt und funktionsfähig gemacht. Andere dienen als Hotel, Gaststätte oder Wohnung. Gleich eine ganze

„Sammlung" verschiedener Mühlen kann man im Schleswig-Holsteinischen Freilichtmuseum Molfsee bei Kiel bewundern.

NORD-OSTSEE-KANAL

Der 1895 fertig gestellte, rund 100 km lange Nord-Ostsee-Kanal ist das größte und bekannteste Wahrzeichen Schleswig-Holsteins. Als „Kiel Canal" ist er den Seeleuten in aller Welt bekannt. Rund 40 000 Schiffe passieren die Wasserstraße zwischen Brunsbüttel und Kiel-Holtenau jährlich. Wegen der zehn Hochbrücken (die aufgrund ihrer Stahlkonstruktion berühmteste, die Eisenbahnhochbrücke, befindet sich in Rendsburg) dürfen ihre Mastspitzen die Wasseroberfläche nicht höher als 40 m überragen. Die beiden Schleusenanlagen am Anfang und Ende des Kanals zählen zu den größten der Welt. Dem Zuschauer bietet sich am Nord-Ostsee-Kanal ein faszinierendes Schauspiel: Passagierschiffe, riesige Tanker und Frachter schieben sich scheinbar mitten durch grüne Wiesen, auf denen Tiere weiden.

PLATT

In vielen Teilen Schleswig-Holsteins und vor allem im ländlichen Bereich wird bis heute „Platt geschnackt". Unterschiedliche Dialekte lassen sich dabei in den verschiedenen Regionen erkennen. Dem Auswärtigen wird es schwer fallen, einem auf Plattdeutsch geführten Gespräch zu folgen. Viele Urlauber setzen Plattdeutsch fälschlicherweise mit dem Friesischen gleich. Friesisch ist eine eigenständige Sprache, wogegen Plattdeutsch „nur" eine Mundart ist. Eine Liste der wichtigsten plattdüütschen Ausdrücke mit hochdeutscher Übersetzung findet sich im Internet unter *www.sh-geheimnis.de*.

RAPS

Im Mai/Juni blüht besonders in Ostholstein und auf Fehmarn goldgelb der Raps. Es ist eine zu den Kohlgewächsen gehörende Pflanze, aus deren Samen in den Schoten Öl gewonnen wird. Zwischen Nord- und Ostsee liegt das größte geschlossene Rapsanbaugebiet Deutschlands, weil hier optimale Voraussetzungen gegeben sind: nährstoffreiche, feuchte Böden, hohe Luftfeuchtigkeit und geringe Temperaturunterschiede zwischen Tag und Nacht.

UMWELTSCHUTZ

Auch das ökologische System im Lebensraum der Ostsee ist stark bedroht, wenn es nicht möglichst schnell gelingt, schädliche Einflüsse weiter zu reduzieren. Wegen des geringen Wasseraustauschs mit dem offenen Meer reagiert die Ostsee besonders empfindlich auf Verschmutzung. Die Landesregierung engagiert sich auf verschiedenen Ebenen für Umweltbelange, zum Beispiel durch die Förderung eines Pilotprojekts für Landstrom im Fähr- und Frachthafen in Lübeck-Travemünde. Dort sollen in Zukunft Tanker im Hafen nicht mehr ihre Dieselmotoren laufen lassen müssen. Bei der Nutzung der regenerativen Windenergie hat Schleswig-Holstein sogar eine Vorreiterrolle.

WIKINGER

Zwischen 800 und 1100 n. Chr. fuhren die aus Skandinavien kommenden Wikinger über die Meere und lebten von Überfällen sowie waghalsigen Handelsfahrten. Im 9. und 10. Jh. wurden sie sesshaft und gründeten an der Schlei Haithabu, das größte Handelszentrum des Nordens. Rund 1000 Menschen lebten hier. Sie waren Seefahrer und Piraten, Händler, Kaufleute, Schmiede, Kunsthandwerker, Bootsbauer und Tischler. Ihre Häuser waren aus Schilf und Holz gefertigt. Sie trugen grob gewebte, gefärbte Tuniken und schmückten sich mit wertvollen Spangen, Armreifen, Ringen und Ketten.

WIRTSCHAFT

Der Tourismus ist einer der wichtigsten Wirtschaftszweige des Landes. Auch das Kurwesen, Landwirtschaft und Schiffbau gehören traditionell zu den tragenden Säulen der Wirtschaft. In neuen Technologiezentren entstehen Hightechprodukte, beispielsweise der Biotechnologie oder Informationstechnik. Der Fischfang dagegen hat an der Ostseeküste nur noch geringe wirtschaftliche Bedeutung. Doch schätzen die Besucher die malerischen Fischkutter.

Im Kieler Hafen: Die Werftindustrie ist ein bedeutender Wirtschaftszweig

VON HERINGEN UND HANDWERKERN

Traditionsreich, bunt und sportlich geht es auf Festen und Feiern an der Ostseeküste Schleswig-Holstein zu

> Musikfestivals, bunte Märkte und spannende Segelregatten begleiten den Sommer an der Ostseeküste. Hinzu kommen noch unzählige lokale Veranstaltungen in Dörfern und Städten.

FEIERTAGE

1. Jan. *(Neujahr);* **Karfreitag; Ostermontag; 1. Mai** *(Tag der Arbeit);* **Himmelfahrt; Pfingstmontag; 3. Oktober** *(Tag der Deutschen Einheit);* **25. und 26. Dezember** *(Weihnachten)*

VERANSTALTUNGEN

Februar

Kieler Umschlag: drei tolle Tage mit historischem Hintergrund in der Kieler Innenstadt (Ende des Monats)

März/April

Ostseeleuchten, Timmendorfer Strand: Eine gigantische Licht- und Lasershow färbt am Ostersonntag den Abendhimmel über dem Küstenort bunt.

Mai/Juni

Historischer Handwerkermarkt, Lübeck: Am Rathaus bieten Kunsthandwerker und Händler in nostalgischen Trachten ihre Ware an und zeigen alte Handwerkskünste (Mitte Mai zehn Tage lang).

Rapsblütenfest, Fehmarn: Das „Gelbe Meer" steht im Mittelpunkt eines großen Festes in Petersdorf auf Fehmarn mit Umzug und der Wahl der Rapsblütenkönigin (drittes/viertes Wochenende im Mai).

Kappelner Heringstage: traditionelles Stadtfest rund um den Hering mit Heringswette und Heringskönig (von Himmelfahrt an vier Tage lang)

Rum Regatta: Sommertreff historischer Segelschiffe im Flensburger Innenhafen (am Wochenende nach Himmelfahrt)

Insider Tipp

Deutscher Mühlentag: Am Pfingstmontag sind zahlreiche Mühlen Schleswig-Holsteins für Besucher geöffnet. Einige werden sogar in Betrieb gezeigt *(www.muehlen-dgm-ev.de)*.

Aktuelle Events weltweit auf www.marcopolo.de/events

> EVENTS FESTE & MEHR

Insider Tipp *Schusterfest Preetz:* traditionelles Fest mit Livemusik und ausgelassener Stimmung im Stadtzentrum von Preetz (Ende Mai)

Aalregatta Eckernförde: Gesegelt wird von Eckernförde nach Kiel, mit buntem Festprogramm (Pfingsten).

★ *Kieler Woche:* größtes Segelsporterеignis der Welt mit internationalem Programm. Die Promenade am Fördeufer wird zur Aktionsmeile, wenn sich die 5000 Segler treffen (letzte Juniwoche).

Immenhof-Festspiele, Bad Malente: Die Kultfilme aus den 1950er-Jahren werden als Theaterstücke auf einer Freiluftbühne aufgeführt (Juni-Sept.)

Juli/August/September

★ *Schleswig-Holstein-Musikfestival* und *Jazz Baltica*: hochkarätige Konzerte im gesamten Bundesland

Insider Tipp *Eutiner Festspiele:* Festspiele auf einer Freilichtbühne am See zu Ehren des 1786 in Eutin geborenen Komponisten Carl Maria von Weber (Anfang Juli bis Mitte August)

Travemünder Woche: die weltweit zweitgrößte internationale Segelregatta mit buntem Veranstaltungsprogramm (zweite Julihälfte)

★ *Wikingertage Schleswig:* historisches Fest rund um die Seefahrer aus Haithabu (Anfang August zwei Tage)

Klosterfest in Cismar: Um das berühmte Benediktinerkloster aus dem 13. Jh. findet jedes Jahr einer der schönsten nostalgischen Märkte der Kunsthandwerker an der Ostseeküste statt (zweites Augustwochenende).

Deutsche Beach-Volleyball-Meisterschaft, Timmendorfer Strand: „Wimbledon auf Sand" im Volleyballsport (Ende August/Anfang September)

Dezember

★ *Lübecker Kunsthandwerkermarkt:* hochwertiges Kunsthandwerk im historischen Ambiente des Heiligen-Geist-Hospitals am Koberg

Zahlreiche *Weihnachtsmärkte* in den Städten und Dörfern

> LABSKAUS UND EIN STEIFER GROG

An der Küste Schleswig-Holsteins schätzt man deftige Gerichte und wärmende Getränke

> Essen und Trinken hält Leib und Seele zusammen", diese viel zitierte Redensart machen sich auch die Schleswig-Holsteiner gern zu Eigen. Sehr deftig ist die Regionalküche im Norden des Landes, und vielleicht sind nicht alle Gerichte jedermanns Geschmack.

Ganz oben auf der Speisekarte steht frischer Ostseefisch, aber auch Fleischgerichte und Suppen verachten die Schleswig-Holsteiner nicht. In den vergangenen Jahren hat die Feinschmeckerküche in Schleswig-Holstein an Niveau gewonnen.

Als ungewöhnlich empfinden Fremde das typische *Schwarzsauer*, welches auf den Höfen traditionell zum Schlachtfest serviert wurde. Es besteht aus Bauchfleisch vom Schwein, der Schnauze und den Pfoten, aus Schlachtbrühe und aus Schweineblut. Schwarzsauer wird warm oder kalt gegessen. Dazu reicht man Mehlklöße, Apfelmus oder

Bild: Herzhaftes frisch vom Grill auf einem der vielen Feste

ESSEN & TRINKEN

Backobst. Als Krönung streuen sich manche Zucker darüber, eine Eigenheit des Landes. Denn die Einheimischen streuen fast auf alles Zucker, sogar auf Grünkohl.

Die Suppen und Eintöpfe sind ein Kapitel für sich: Die *Holsteinische Kartoffelsuppe* wird fein gewürzt und eher wie ein Eintopf in vielen Landgasthäusern serviert. Fruchtig schmeckt die *Fliederbeersuppe* mit Grießklößchen.

Typisch für die Region ist auch der Eintopf *Bohnen, Birnen und Speck*. Diese beliebte Hausmannskost wird bereitet aus Speck, grünen Bohnen und kleinen Perlbirnen (mit Stumpf und Stiel gekocht). Hier verbindet sich die Süße der Birne mit dem kräftigen Rauchgeschmack des Specks.

Überall wo sich Brauchtum bewahrt hat und man Feste noch wie in guten alten Zeiten feiert, taucht *Der Große Hans* auf. Er kommt in verschiedenen Variationen vor, zum Beispiel: Ein Klumpen Hefeteig wird in einen Beutel gegeben und in einem Topf mit Wasser und Speck etwa zwei Stunden gekocht. Ist er gegart, bestreut man ihn mit Zucker und serviert Backobst und Fruchtsauce dazu.

Noch eine Merkwürdigkeit für fremde Zungen: *Labskaus*. Es ist das an Land wohl bekannteste Seemannsgericht und sieht aus, pardon, wie „vorgekaut". Der Smutje soll in diesem Gericht sämtliche Vorratsreste einer langen Reise verarbeitet haben. Heute präsentiert sich Labskaus an Land weniger dramatisch. Hinein gehören gepökeltes Fleisch, Matjes, rote Beete und Kartoffeln.

In Lübeck wird Thomas Mann auch kulinarisch in Ehren gehalten. Gleich im ersten Teil seines berühmten Romans „Buddenbrooks" beschreibt er eine typisch „lübsche" Speisefolge, die von den Gastronomen der Hansestadt heute gern als Buddenbrook-Menü nachgekocht wird. Zu den Hauptgängen gehört ein „kolossaler, ziegelroter, panierter Schinken" in süß-saurer Schalottensauce mit Pellkartoffeln und viel Ge-

> SPEZIALITÄTEN

Genießen Sie die typische Küche der Ostseeküste!

SPEISEN

Kieler Sprotten – heringähnliche Räucherfische, die eigentlich aus Eckernförde kommen und in dortigen Räuchereien verarbeitet werden (Foto)

Mehlbüddel – Teigklöße, die mit Dörrobst oder mit Specksauce und Sirup zum Nachtisch serviert werden

Rote Grütze – angedickter Fruchtsaft von Himbeeren und Johannisbeeren oder Kirschen, serviert mit Milch oder Vanillesauce

Schnüsch – gartenfrisches Gemüse, zubereitet mit Milch, Kartoffeln und einem Schinkenknochen, je nach Geschmack mit einem Matjes garniert

Schwarzbrot – echtes schleswig-holsteinisches Produkt, das gerne als Strammer Max mit Spiegelei, Schinken und Gurke gegessen wird

Süßsaure Gänsekeule – Geflügelspezialität, die mit süßsaurer Sauce und Bratkartoffeln gereicht wird

GETRÄNKE

Grog – Rum mit heißem Wasser und Zucker, als Eiergrog mit schaumig geschlagenem Eigelb

Lübecker Rotspon – Weine französischen Ursprungs, die in den Speichern Lübecks veredelt und abgefüllt werden

Pharisäer – Kaffee mit Rum und Sahnehäubchen

Tote Tante – ähnlich dem Pharisäer, allerdings wird hier heißer Kakao mit Rum angereichert

müse. Als Nachtisch gibt es *Plettenpudding*, ein „schichtweises Gemisch aus Makronen, Himbeeren, Biskuits und Eiercrème".

Wieder einmal süß und deftig zugleich gibt sich ein regionaler Eintopf, der in der Probstei östlich der Kieler Förde bekannt ist: *Dickmusik* wird aus Obst, Gemüse und geräuchertem Schinkenspeck gekocht.

Da Fischfang an der gesamten Ostseeküste betrieben wird, dreht sich in den Restaurants selbstverständlich fast alles um Fisch. Am häufigsten findet man *Butt* und *Scholle*, in Speck gebraten, *Dorsch* gekocht mit Senfsauce, *Seezunge* und *Hecht* sowie *Makrele, Hering* und *Aal*. Die *Krabben* kommen aus der Nordsee und schmecken besonders fein mit Rührei und Schwarzbrot.

Die besten *Holsteiner Katenrauchschinken* kommen aus den wenigen noch erhaltenen historischen Räucherkaten mit Reetdach, durchlässig für die frischen Brisen der West- und Ostwinde. Verarbeitet werden nur Schinken von gut gemästeten und gesunden Schweinen.

Wer sich in Schleswig-Holstein an traditionelle Spezialitäten hält, wird in der Regel kaum enttäuscht. Dazu gehört auch das herbe *Bier*, das die Flensburger Brauerei mit einer gelungenen Werbekampagne bundesweit bekannt gemacht hat. Unter Marketinggesichtspunkten ebenfalls ganz groß ist der *Kleine Feigling*, ein in Eckernförde beheimateter Schnaps, der dem Magen nach einer deftigen schleswig-holsteinischen Mahlzeit gut tun mag. Mit Vorbehalt sind dagegen die so genannten „fremdenverkehrsfördernden" Kreationen zu betrachten, wie zum Beispiel *geräucherte Eier* (in Malente) oder *Mövenschiss*, ein Korn mit einer Scheibe Mettwurst, Senf und Meerrettich (Schleswiger Besonderheit).

Herrlich: Fisch & Co. draußen genießen

Rum muss sein, Zucker darf sein, Wasser kann sein. Die Rede ist vom *Grog*, dem typischen Getränk, wenn an der Küste mal wieder eine besonders steife Brise weht. Ähnliche wärmende Wirkung haben auch *Glühpunsch, Eiergrog* und *Geele Köm-Punsch* aus Tee und gelbem Köm (Kümmelschnaps). Der Norden hält's im Allgemeinen mit den härteren Getränken, nur Lübeck nicht: die Hansestadt hat ihren Wein, den *Rotspon*. Das raue Seeklima begünstigt die Entwicklung dieser bei Kennern geschätzten französischen Rotweine.

BUDDELSCHIFFE UND RÄUCHERAAL

An der Ostseeküste mit ihrem bäuerlichen Hinterland locken vor allem kulinarische und maritime Mitbringsel

> Regional typische Mitbringsel von der Ostseeküste Schleswig-Holstein gibt es in großer Auswahl. Sehr beliebt sind süße Leckereien wie Marzipan und Kieler Sprotten. Kunsthandwerker bieten originelle Gebrauchsstücke wie Schmuck oder Textilien an. Buddelschiffe und andere maritime Liebhaberobjekte sowie eigene Fundsachen sind ebenfalls bestens als Souvenir geeignet.

HOFLÄDEN

Immer zahlreicher werden die Hofläden, in denen Landwirte meist in Verbindung mit einem hübschen Café oder Restaurant Erzeugnisse aus eigener Herstellung wie Marmelade oder diverse Fleischwaren anbieten. Deren Qualität ist in aller Regel ausgezeichnet. Bäuerliches Kunsthandwerk wie zum Beispiel Geschirr findet sich in den meisten Hofläden zusätzlich im Sortiment.

KULINARISCHES

Das berühmte Lübecker Marzipan steht in der Gunst der Urlauber, die nach einem Mitbringsel von der Ostseeküste suchen, unangefochten an oberster Stelle. Die Spezialität aus Zucker, Mandeln und Rosenwasser wird überall in der Region in Hunderten verschiedener Sorten und von verschiedenen Herstellern angeboten. Aber auch Herzhaftes wie Katenschinken oder Räucheraal lässt sich, in fester Folie verschweißt, problemlos als kulinarisches Andenken mit nach Hause nehmen. Die Kieler Sprotten sind eigentlich goldfarbene, schmackhaft geräucherte kleine Fische. Es gibt aber auch eine Variante für Naschkatzen, die sie als Schokosprotten im dekorativen Holzkästchen vorziehen.

KUNSTHANDWERK

Die Ostseeküste mit ihrem Hinterland ist eine Hochburg des Kunsthandwerks. Werkstätten, Ateliers und Läden mit Keramik, Glas, Schmuck oder Textilien finden sich nicht nur in den größeren Städten wie Lübeck, Kiel, Eutin oder Flensburg, sondern oft auch in kleinen Orten oder mitten auf dem Land. Die meisten

> EINKAUFEN

Kunsthandwerker lassen sich bei ihrer Arbeit über die Schulter schauen. Einen Überblick gibt der Berufsverband Kunsthandwerk *(www.bk-sh.de)*.

MARITIMES

Fündig an maritimen Erinnerungsstücken, wie Positionslaternen, Sextanten, Hydrometern, allerlei Schiffszubehör und Kapitänsbildern wird der Souvenirjäger in den vielen kleinen Läden an der Küste und in den Dörfern des Hinterlandes. Vielleicht findet er auch ein schönes Buddelschiff. Die dekorativen Modellschiffe verschiedener Form und Größe wurden in mühevoller Kleinarbeit in Flaschen aufgetakelt und sind entsprechend nicht ganz billig.

STRANDGUT

Die billigsten Mitbringsel können Sie allerdings beim Spaziergang am Strand sammeln, nämlich Muscheln und bizarre Steine. Mit viel Glück findet man (vorwiegend an Steilküsten) auch noch ein Stückchen Bernstein.

TRÖDEL- & ANTIKMÄRKTE

Besonders in der Sommerzeit werden in vielen Badeorten Trödelmärkte veranstaltet, auf denen sich so manches interessante Stück ergattern lässt. Bei Antikmärkten, die in Herrenhäusern wie Gut Altenhof bei Kiel stattfinden, ist das Angebot meist hochwertig. Bei den als Antikmarkt ausgewiesenen Dauerflohmärkten in Scheunen schwankt die Qualität hingegen stark.

WEIN & SCHNÄPSE

Zwar wachsen in Schleswig-Holstein keine Reben, dennoch gibt es einen berühmten Wein von der Ostseeküste: Lübecker Rotspon ist aus Frankreich importierter Rotwein, der in Fässern in der Hansestadt reift, hier abgefüllt und von Touristen gern wieder „exportiert" wird. Eine hochprozentige Spezialität aus der „Rosenstadt" Eutin ist der Rosenlikör. Nach Vereinbarung kann die Brennerei besichtigt werden *(Obsthof, Brennerei und Mosterei Münster | Tel. 04521/35 98 | www.obstbraende.eu)*.

> AN DER HAUSTÜR ZU SKANDINAVIEN

Mühlen, Feldsteinkirchen und eine fast dänische Hafenstadt

> Der Norden der Ostseeküste grenzt mit der Flensburger Förde an das Nachbarland Dänemark. Naturstrände, Steilufer, Naturschutzgebiete und kleine Yachthäfen prägen den Küstenstreifen zwischen Flensburg und der Schleimündung.

Das Hinterland wird von Angeln gebildet, einer hügeligen Grundmoränenlandschaft, akzentuiert von Wiesen, Weiden, Seen, Bächen, Knicks und verträumten Dörfern. Neben den Fischern waren es immer auch die Bauern, die in dieser Region das Leben bestimmten und deren Kultur sich in wohlhabenden Dörfern und einer großen Anzahl von Mühlen niedergeschlagen hat. Eine Besonderheit stellen die romanischen Feldsteinkirchen dar, die – zahlreich wie nirgendwo sonst in Deutschland – im Angelner Land errichtet wurden. Die Kultur dieser Landschaft ist seit Jahrhunderten durch das Miteinander von Dänen und Deutschen geprägt.

Bild: Flensburger Hafen mit der St.-Jürgen-Kirche

FLENSBURG UND DIE FÖRDE

FLENSBURG

KARTE AUF SEITE 120

[112 A–B2] ★ **700 Jahre Handel und Hafen haben Flensburg (87 000 Ew.) und der Landschaft an der 34 km langen Flensburger Förde ihren Stempel aufgedrückt.** Deutschlands nördlichste Stadt wurde über 400 Jahre von der dänischen Krone regiert, und noch heute ist sie kulturell und wirtschaftlich mit den Dänen verbunden. Viele Innenhöfe und Häuserzeilen erinnern an das Bild dänischer Städte. Zu Zeiten der Hanse war Flensburg wichtigster Handelshafen Dänemarks. Als die Hansestadt Lübeck ihre Vormachtstellung verlor, stieg Flensburg Mitte des 16. Jhs. gar zur mächtigsten Handelsstadt im skandinavischen Raum auf. Im 18. Jh. besaß Flensburg die wichtigste Handelsflotte der Ostsee. Flensburg hat Charme. Das Nebeneinander von mittelalterlichen Häusern, modernen Geschäften und dem lebhaften Hafen machen die Fördestadt liebenswert. Flensburg gilt auch

Phänomenta: das Science-Center im Norden

als Rumstadt, doch von den ehemals 200 Brennereien existieren nur noch wenige.

SEHENSWERTES

FLENSBURGER BRAUEREI [120 C5]

Die Brauerei mit der kultverdächtigen Bügelflasche kann besichtigt werden. *Mo–Fr 10, 14 und 17.30 Uhr | Munketoft 12 (Nähe Hbf.) | Anmeldung unter Tel. 0461/31 80 21 10* | *www.flens.de*

FUSSGÄNGERZONE: NORDERSTRASSE – GROSSE STRASSE – HOLM [120 B2–4]

Ein Spaziergang vom Südermarkt zum Nordertor führt an den meisten Sehenswürdigkeiten der Altstadt vorbei. Beachtenswert: *Alt-Flensburger Haus (Norderstr. 8), Flensborg-Hus (Norderstr. 76),* die *Schrangen* (Bogengänge) neben der Marienkirche. Von der Fußgängerzone zweigen eine Reihe hervorragend restaurierter *Handelshöfe* ab. Man erreicht die Höfe durch Gassen oder Tore. Markant auch der *Westindienspeicher* (1791, *Große Str. 24*). Historische Rundgänge, Führungen. *Auskunft Touristinfo | Tel. 0461/909 09 20 | www.flensburg-tourismus.de*

KOMPAGNIESTRASSE [120 B3]

Alte Gasse zum Hafen mit schönen Fachwerkhäusern, am Ende das *Kompagnietor* (heute Europäisches Minderheitenzentrum), 1602 erbaut. Es diente als Zunfthaus der Schiffer und Kaufleute. Im Giebel das Stadtwappen von 1603.

MUSEUMSBERG FLENSBURG [120 B4]

Das Städtische Museum und die Sammlungen für den Landesteil Schleswig auf dem Museumsberg bieten einen Überblick über die kunst- und kulturgeschichtliche Entwicklung des nördlichen Grenzlandes. *Museumsberg 1 | Di–So 10–17 Uhr | Eintritt 4 Euro*

MUSEUMSHAFEN/ALEXANDRA [120 B2]

Bis zu 30 Traditionssegler und andere nostalgische Schiffe liegen an der Brücke. Die *„Alexandra"*, mit eigenem Anleger an der Fördebrücke, ist der einzige noch seetüchtige mit Kohle befeuerte Salondampfer Deutschlands. ★ Fördetörns und Sonderfahrten bietet der Verein von Mai bis September an den Wochenenden an. *Tel. 0171/316 40 07 | www.dampfer-alexandra.de*

NORDERTOR [120 B2]
Das Staffelgiebeltor ist das Wahrzeichen der Stadt, erbaut 1595. Über dem Torbogen das Stadtwappen und das königlich-dänische Wappen.

PHÄNOMENTA ★ [120 B2]
Die Phänomenta ist mehr naturwissenschaftliche Experimentierstation als Museum. Fast alles darf angefasst und ausprobiert werden. *Norderstr. 157–163 | Juni–Sept. Mo–Fr 10–18 (Okt–Mai 9–17), Sa/So 11–18 Uhr | Eintritt 8,50 Euro | www.phaenomenta.com*

ST.-MARIEN-KIRCHE [120 B3]
So alt wie die Stadt Flensburg selbst ist die dreischiffige Marienkirche, deren Bau 1284 begann. Kostbar sind der Altar (1598) und die mittelalterliche Deckenmalerei.

SCHIFFFAHRTSMUSEUM ★ [120 B2]
Das Museum ist in einem alten Zollpackhaus von 1842 untergebracht. Neben maritimen Objekten eine Riesensammlung von naturgetreu nachgebauten Schiffsmodellen. Außerdem gibt es ein *Rummuseum. Schiffbrücke 39 | Di–So 10–17, Nov.–März 10–16 Uhr | Eintritt 4 Euro*

ESSEN & TRINKEN

CAFÉ BESTE STUUV [120 B4] Insider Tipp
Wie in Omas guter Stube mit köstlichen selbstgebackenen Torten. Wer fragt, bekommt mehrere kleine Stücke zum Probieren. *Holm 66 | Mo bis Fr 7.30–18, Sa 7.30–16 Uhr | €*

BORGERFORENINGEN [120 B4]
Traditionsrestaurant mit skandinavischer Küche. *So/Fei geschl. | Holm 17 | Tel. 0461/233 85 | €*

MÄDERS RESTAURATION [120 C2]
Am Ostufer der Förde. Serviert werden edle Pasta-, Fleisch- und Fischgerichte, schöner Blick über das

MARCO POLO HIGHLIGHTS

★ **Flensburg**
Hafenstadt mit dänischer Gemütlichkeit (Seite 31)

★ **Phänomenta**
Experimente hautnah miterleben in Flensburgs Science-Center (Seite 33)

★ **Historischer Krug**
Exzellente Küche in historischen Mauern erwartet Sie in Oeversee (Seite 37)

★ **Schloss Glücksburg**
Romantische Wasserburg (Seite 36)

★ **Schifffahrtsmuseum**
Flensburgs Fundgrube für Seebären (Seite 33)

★ **Fördetörns**
Mit dem Salondampfer „Alexandra" auf große Fahrt. Los geht's in Flensburg am Anleger Fördebrücke (Seite 33)

Wasser auf die Stadtkulisse. *Tgl. | Ballastkai 6 | Tel. 0461/150 79 00 | www.maeders.de* | €€€

PIET HENNINGSEN [120 B2]
Älteste Seemannsgaststätte Flensburgs am Hafen mit maritimer Speisekarte und einmaliger Stimmung (reservieren!). *Tgl. | Schiffbrücke 20 | Tel. 0461/245 76* | €€

EINKAUFEN

Von der kilometerlangen Fußgängerzone zweigen sanierte Handelshöfe ab. Hier findet man Boutiquen, Kaufhäuser, Antiquitäten, Einkaufspassagen. Die *Holm Passage* bietet z. B. 40 Läden gehobener Klasse. Die *Rote Straße* ist Zentrum von Künstlern und Galerien. *Sa* und *Mi (8–13 Uhr)* ist *Wochenmarkt* am Südermarkt.

ÜBERNACHTEN

BACKPACKER'S INN [120 B6]
Das Hostel in Bahnhofsnähe bietet große, freundliche Zimmer und gemütliche Aufenthaltsräume. *10 Zi. | Schleswiger Str. 10 | Tel. 0461/909 08 33 | Fax 99 08 34 | www.backpackers-inn.de* | €

MERCURE HOTEL [120 B3]
Modernes Komforthotel in der Altstadt. Zimmer mit Hafenblick. *94 Zi. | Norderhofenden 6–9 | Tel. 0461/841 10 | Fax 841 12 99 | www.mercure.com* | €€€

HOTEL XENIA [120 C4] Insider Tipp
Zentrales und ruhiges Wohnen im sanierten Altstadthaus. Schöner Hofgarten. Griechisches Restaurant. *10 Zi. | Süderfischerstr. 2 | Tel. 0461/16 06 20 | Fax 160 62 29 | www.hotelxenia.de* | €€

FREIZEIT & SPORT

FÖRDEFAHRTEN [120 B3]
Zumindest eine Ausflugsfahrt mit dem Schiff auf der Förde sollten Sie während Ihres Flensburgbesuchs einplanen. *Abfahrt von der Fördebücke.*

> BLOGS & PODCASTS

Gute Tagebücher und Files im Internet

- *www.gutes-von-morgen.de/blog* – Wissenswertes über die Ostsee von einem Diplomkaufmann aus Grube bei Grömitz (Stichwort „Projekte").
- *www.luebeck.blog.de* – Kritische Kommentare zur Kommunalpolitik in der Hansestadt.
- *www.ostsee-club24.de*– Hier bloggen zwei Wirtschaftsinformatiker aus Berlin. Ins Netz gestellt werden Neuigkeiten von der Ostseeküste Schleswig-Holsteins und Mecklenburg-Vorpommerns. Übersichtlich gestaltet, geografisch und thematisch geordnet, viele Links.
- *www1.ndr.de/unternehmen* – Der Norddeutsche Rundfunk (NDR) bietet ein interessantes Podcast-Angebot aus seinen Fernseh- und Hörfunkprogrammen. Eine ganze Reihe von Beiträgen behandeln die Ostseeküste Schleswig-Holsteins.

Für den Inhalt der Blogs & Podcasts übernimmt die MARCO POLO Redaktion keine Verantwortung.

April–Sept. mehrmals tgl. NAS | Tel. 0461/493 58 63 | www.nas-schiffsausfluege.de | einfache Fahrt 3 Euro

AM ABEND

In den *Seemannskneipen* an der *Schiffbrücke* sitzen die Gäste bis zum frühen Morgen. Man trifft sich in der Kneipenszene um den ▶▶ Nordermarkt, z. B. im *Porticus 1740 (Marienstr. 1)*. Im *Orpheus* (im selben Haus) wird Jazz und Kleinkunst geboten. Die *Weinstube im Krusehof (Rote Str. 24)* gilt als In-Treff.

AUSKUNFT

FLENSBURG FJORD TOURISMUS GMBH [120 B3]

Rathausstr. 1 (Am ZOB) | 24937 Flensburg | Tel. 0461/909 09 20 | Fax 909 09 36 | www.flensburg-tourismus.de

ZIELE IN DER UMGEBUNG

GLÜCKSBURG [112 B2]

Glücksburg (6500 Ew., 11 km), das reizvoll an der Förde gelegene Ostseeheilbad, ist Naherholungsgebiet der Flensburger. Feinsandiger Strand, Kurpromenade, Wanderwege im Wald und am Wasser. Sitz der *Hanseatischen Yachtschule*, die als größte und renommierteste Yachtschule Deutschlands gilt.

Der Powerpark artefact zeigt an 30 Stationen zum Ausprobieren, wie elektrische Energie „erstrampelt" wird oder wie sich Solarwärme anfühlt. *April–Sept. Mo–Fr 9–18, Sa u. So 10–18, Okt. tgl. 10–18 Uhr |*

Insider Tipp

Von wegen schlichte Rucksackherberge: So schick sieht es im Backpacker's Inn aus

Bremsbergallee 35 | Tel. 04631/ 611 60 | Eintritt 4 Euro | www.artefact.de

Juwel des Ortes ist das weiße ★ *Schloss Glücksburg*, eine der eindrucksvollsten Wasserburgen Deutschlands. Sie wurde von 1582 bis 1585 für die Herzöge von Schleswig-Holstein, Glücksburg und Sonderburg errichtet. Als Kulisse für die ZDF-Serie „Der Fürst und das Mädchen" gelangte das Schloss zu bundesweiter Bekanntheit. Im *Schlossmuseum* ist eine bedeutende Sammlung flandrischer Tapisserien aus dem 17./18. Jh. zu sehen. *Mai–Okt. tgl. 10–17, Nov.–April Sa/So 10–17 Uhr | Eintritt 5 Euro | www.schloss-gluecksburg.de*

Alte Bäderatmosphäre erleben Gäste im *Strandhotel Glücksburg (36 Zi., 10 Ap. | Kirstenstr. 6 | Tel. 04631/614 10 | Fax 61 41 11 | www.strandhotel-gluecksburg.de | €€€)*. Insider Tipp Das *Vitalhotel Alter Meierhof* ist eine der Topadressen für Wellness im Norden *(54 Zi. | Uferstr. 1 | Tel. 04631/619 90 | Fax 61 99 99 | www.alter-meierhof.de | €€€)*.

Auf der noch ruhigen und ursprünglichen, 400 ha großen *Halbinsel Holnis* nordöstlich von Glücksburg fühlen sich Wanderer, Surfer, Naturfreunde und FKK-Anhänger wohl (Vogelschutzgebiet). Ausgiebige Spaziergänge am schönen Natur- und Kurstrand von Holnis sowie auf der Steilküste *Holnis Kliff*, wo der Blick bis zur dänischen Küste reicht. An der äußersten Nordspitze im Ort *Holnis* steht das *Fährhaus Holnis* mit bekannt guter Küche *(Kaffeegarten | Di geschl. | 9 Zi. | Tel. 04631/613 30 | €€). Auskunft: Touristinformation | Schloss Glücksburg | Tel. 0800/202 00 40 | Fax 04631/40 77 37 | www.gluecksburg-ostsee.de*

>LOW BUDGET

- Der Flensburger Kapitänsweg informiert zum Nulltarif anhand von bebilderten Stationsschildern über Flensburger Seefahrerhistorie und Alltagsleben im 19. Jh. Die 5 km lange Tour führt rund um die Hafenspitze (Start am Schifffahrtsmuseum).
- Auch der Dolmenpfad durch das Glücksburger Friedeholz bietet die Möglichkeit einer kostenlosen Zeitreise. Der archäologisch-naturkundliche Rundwanderweg führt an zehn Großsteingräbern vorbei, die rund 5000 Jahre alt sind.

HABERNIS [113 D2]

An der Küste an der Geltinger Bucht (25 km) versteckt sich ein zauberhaftes *Landhotel garni* mit acht ausgesuchten Ferienapartments. In der Nähe liegt das Landschaftsschutzgebiet *Habernisser Moor* mit vielen

Schloss Glücksburg zählt zu den bedeutendsten Renaissanceschlössern Nordeuropas

Insider Tipp schönen Wanderwegen. *Landhaus Börmoos* | *Grüfft 9 | Tel. 04632/76 21 | Fax 14 29 | www.landhaus-boermoos.de* | €€€

LANGBALLIG **[112 C2]**

Zu Langballig gehört das sehenswerte *Landschaftsmuseum Angeln/Unewatt.* Es ist Dorf und Museum zugleich. In fünf authentischen Gebäuden (u. a. Windmühle, Räucherei und eine mit Wasserrad betriebene Buttermühle) lässt sich die bäuerliche Lebensweise früherer Zeiten erleben. *Mai–Sept. Di–So 10–17, Apri/Okt. Fr–So 10–17 Uhr | Tel. 04636/10 21 | Eintritt 3,50 Euro | www.museum-unewatt.de.* Im *Gasthaus Unewatt* isst man gut und reichlich *(Mo geschl., Nov.–März nur Fr–So | Tel. 04636/17 55 | €€).*

MUNKBRARUP **[112 B2]**

In Munkbrarup können Sie die imposante holländische Windmühle mit dem Namen *Hoffnung* (9 km) besichtigen *(ständig geöffnet | www.muehle-hoffnung.de).* Sehenswert ist auch die romanische Granitquaderkirche aus dem 12. Jh. Und zur Verschnaufpause geht es in den Gasthof auf dem Dorfplatz *(Mo/Di geschl. | Dorfplatz 2).*

OEVERSEE **[112 A3]**

Beim Dorf Oeversee (9 km) fand 1864 im deutsch-dänischen Krieg eine blutige Schlacht statt. Auf historischem Boden steht einer der schönsten Gasthöfe des Landes Angeln: das Romantikhotel ★ *Historischer Krug* (mit Ayurveda-Farm), seit 1815 in Familienbesitz. Die exzellente Küche bietet v.a. Holsteiner Spezialitäten. *50 Zi. | Grazer Platz 1 | Tel. 04630/94 00 | Fax 780 | www.historischer-krug.de | Restaurant* €€–€€€ | *Hotel* €€

SÖRUP **[112 C3]**

Die *St.-Marien-Kirche* in Sörup (20 km) gehört zu den stilreinsten jütischen Granitquaderkirchen Angelns aus dem 12. Jh. Wertvolles romanisches Taufbecken aus Gotland. Ein markanter Punkt in der flachen Landschaft Angelns ist der 70 m hohe Scheersberg nahe *Quern.* Von der Plattform des fast 30 m hohen Bismarck-Turmes blickt man bis zur dänischen Halbinsel Broager und nach Flensburg.

> AUF DEN SPUREN DER WIKINGER

Schleswig-Holsteins schönste Meeresbucht, verträumte Dörfer und prächtige Gutshöfe

> Mehr als 40 km dringt die Schlei zwischen der Flensburger Förde und der Eckernförder Bucht landeinwärts und erweitert sich seeartig zur Großen Breite vor Schleswig. Entstanden aus einer Kette von Gletscherseen, trennt sie Schwansen im Süden von Angeln im Norden.

Der malerisch schöne Ostseefjord schlängelt sich durch die Wiesen. An den Ufern liegen kleine Häfen, Badebuchten und winzige Orte mit reetgedeckten Häusern und sehenswerten Kirchen. Diese einmalige Umgebung macht die Schlei für viele Segler zum schönsten Revier in ganz Schleswig-Holstein. Wanderwege führen zu sandigen Badebuchten. In Missunde und Arnis verkehren Fähren, in Lindaunis und Kappeln verbinden Brücken die Ufer. Zu Zeiten der Wikinger war die Schlei ein wichtiger Schifffahrtsweg. Vor gut 1000 Jahren gehörte die Wikingersiedlung Haithabu bei Schleswig zu den bedeu-

Bild: Wikinger-Museum Haithabu in Schleswig

SCHLESWIG UND DIE SCHLEI

tendsten Handelsplätzen im Ostseeraum. Südlich der Schlei erstreckt sich die Halbinsel Schwansen mit prächtigen Herrenhäusern.

KAPPELN

[113 E4] **Kappeln (12 000 Ew.) am Ende der Schlei ist eine hübsche Kleinstadt mit viel Atmosphäre.** Schon von weitem sieht man die St.-Nikolai-Kirche und die 32 m hohe Holländerwindmühle *Amanda* (1888), die Wahrzeichen Kappelns. Am Hafen gibt es urige Restaurants, in der Fußgängerzone beim Rathausmarkt, in der Schmiedestraße und in der Jöns-Hof-Passage kann man gut einkaufen. Im Stadtkern stehen noch einige schöne Fachwerkhäuser. Für Fans der TV-Serie „Der Landarzt" ist Kappeln längst Kult. Denn die beliebte Serie wird hier gedreht. Die Touristinfo hält eine Liste der Drehorte bereit.

SEHENSWERTES

HERINGSZAUN

Neben der Brücke befindet sich der letzte von 38 im Jahr 1648 genannten Heringszäunen. Zur Heringszeit um die Osterfeiertage verirren sich die Fische in den fest verankerten Reusen aus Buschwerk und können dann einfach gefangen werden.

MUSEUMSHAFEN

Im Kappelner Museumshafen liegen liebevoll restaurierte Oldtimerschiffe, die manchmal noch Fahrten auf Schlei und Ostsee unternehmen.

SCHLEIMUSEUM

Seefahrtshistorie und Geschichte der Fischerei sind hier anhand von Gemälden und Modellen eindrucksvoll dokumentiert. Außerdem eine große Buddelschiffsammlung. *Mittelstr. 7 | April–Okt. Di–Sa 10–12.30, 13.30 bis 17 Uhr | Eintritt 2 Euro*

Fischfang wie anno dazumal: Heringszaun in der Schlei bei Kappeln

MUSEUMSEISENBAHN ★

Seit über 25 Jahren verkehren die Züge der Angelner Dampfeisenbahn auf Deutschlands nördlichster Nostalgiestrecke zwischen Kappeln und Süderbrarup. Auch eine kombinierte Fahrt mit der Dampfeisenbahn und dem Raddampfer *„Schlei-Princess"* ist möglich. *Mai–Okt. So 11 und 14 Uhr | Abfahrt ab Kappeln | Hin- und Rückfahrt 12 Euro | Auskunft bei der Touristinfo | www.angelner-dampfeisenbahn.de*

ESSEN & TRINKEN

ALT KAPPELN BIERAKADEMIE

Insider Tipp

Das gemütliche Lokal ist bekannt für seine Spare Ribs. Innen sitzt man etwas eng, auf der Terrasse dafür umso besser. *Tgl. 10–1 Uhr | Poststr. 13 | Tel. 04642/22 75 | €*

AURORA
„Asmussens Kneipe“, Pilgerort für Fans der Serie „Der Landarzt“. Geboten wird gutbürgerliche Küche. *Hotel mit 22 Zi.* | *Rathausmarkt 6* | *Tel. 04642/40 88* | *Fax 50 88* | *www.aurora-kappeln.de* | €€

SPEICHER NO. 5
Im ehemaligen Speicher wird gehobene Küche von Dorsch bis Wachtel serviert. Klein, gemütlich und mit schönem Blick auf die Schlei. Reservieren! *Mo geschl.* | *Am Hafen 19a* | *Tel. 04642/54 51* | *www.speicher5.de* | €€–€€€

ÜBERNACHTEN

HOTEL-CAFÉ ZUR MÜHLE
Familiär geführtes Hotel garni. Hier logieren gern Radfahrer, die auf dem Ostseeküsten-Radwanderweg unterwegs sind. *22 Zi.* | *Mühlenstr. 60* | *Tel. 04642/73 33* | *Fax 92 26 47* | *www.hotel-cafe-kappeln.de* | €

HOTEL STADT KAPPELN
Komfortables Haus im Zentrum mit modernem Standard. Im Restaurant *Brick* (€€) wird in mediterranem Ambiente internationale Küche serviert. *22 Zi.* | *Schmiedestr. 36* | *Tel. 04642/40 21* | *Fax 55 55* | *www.hotel-stadt-kappeln.de* | €€€

THOMSEN'S MOTEL
Modernes Hotel im ehemaligen Kappelner Rathaus (1988 zum Hotel ausgebaut), an der Umgehungsstraße. Nur fünf Minuten zu Hafen und Stadt. *26 Zi.* | *Theodor-Storm-Str. 2* | *Tel. 04642/10 52* | *Fax 71 54* | *www.kappeln-touristik.de* | €€

FREIZEIT & SPORT

SCHLEIFAHRTEN ★
Ein besonderes Erlebnis sind die Schleifahrten. Etwas Mississippi-Atmosphäre können Fahrgäste auf dem Raddampfer *„Schlei-Princess“* Insider Tipp schnuppern. Das ungewöhnliche Schiff mit dem riesigen, roten Schaufelrad startet von Kappeln aus zu Schleitörns *(Tel. 04642/65 32* | *www.schleiraddampfer.de)* und unternimmt Sonderfahrten. Schleifahrten werden auch von Schleswig (bis nach Maasholm und an die Schlei-

MARCO POLO HIGHLIGHTS

★ Schleifahrten
Mit dem Schiff bis zur Schleimündung (Seite 41)

★ Holm
Alte Fischersiedlung in Schleswig (Seite 44)

★ Schloss Gottorf
Schleswigs Museen in der prächtigen Herzogsresidenz zeigen Moorleichen und mehr (Seite 44)

★ Wikinger-Museum Haithabu
Per Fähre geht's vom Hafen Schleswig zur Zeitreise zu den Wikingern (Seite 44)

★ Arnis
Kleinste Stadt Deutschlands (Seite 42)

★ Museumseisenbahn
Nostalgiestrecke zwischen Kappeln und Süderbrarup (Seite 40)

mündung) und von anderen Orten aus angeboten. Auskunft erteilen die Touristinformationen in Kappeln und Schleswig.

AUSKUNFT

TOURISTINFORMATION

In der Windmühle „Amanda“ | Schleswiger Str. 1 | 24376 Kappeln/Schlei | Tel. 04642/40 27 | Fax 54 41 | www.kappeln.de

„Perle der Schlei“: Arnis war in der ersten Hälfte des 18. Jhs. der reichste Ort Angelns

ZIELE IN DER UMGEBUNG

ARNIS ★ [113 E4]

Bad Arnis (350 Ew., 7 km) ist die kleinste Stadt Deutschlands, am Nordufer der Schlei gelegen. Seit 1934 besitzt der malerische Ort Stadtrecht, die Gemeinde Arnis existiert natürlich schon viel länger. Viele der kleinen Häuser stehen unter Denkmalschutz. Es gibt einen Yachthafen, drei Werften und eine Schifferkirche mit seltenen Votivschiffen. Mitten in der Schlei steht auf Pfählen das originelle Restaurant und Café *Zur Schleiperle (Ostern–Okt. geöffnet, Mo geschl. | Tel. 04642/20 85 | €€)*. Ein Wanderweg verbindet Arnis mit Kappeln (3 km).

DAMP [113 E5]

Das Gesundheits- und Erholungszentrum Damp (12 km) hat ein großes Freizeitangebot: *Aqua-Tropicana* (subtropisches Badeparadies), Yachthafen, Segeln, Surfen, Tauchen, Tennis, Reiten. Wellness vom Feinsten bietet das *Therapie- und Vital-Centrum* auf 9000 m². Der überwachte Strand ist gut 3 km lang. Die Gäste haben die Wahl zwischen dem Ostseehotel-Komplex, Ferienwohnungen und -häusern. Außerdem bietet Damp eine vielseitige Gastronomie. *Auskunft: Tel. 04352/80 10 00 | Fax 80 89 21 | www.damp-urlaub.de*

GELTING [113 D3]

In Gelting (11 km) steht ein großartiges *Herrenhaus*. Die Dreiflügelanlage gruppiert sich um einen großzügigen Ehrenhof (von außen zu besichtigen). Eine schmale Straße führt von Gelting (5 km) ins Insider Tipp Naturschutzgebiet *Geltinger Birk*, wo man herrlich wandern kann. Dort liegt auch die *Windmühle „Charlotte"*, 1830 nach holländischem Vorbild erbaut. Mit etwas Glück begegnet man frei lebenden Wildpferden, den Koniks. *Touristinformation: Tel. 04643/777 | Fax 442 | www.ferienlandostsee.de*

MAASHOLM **[113 E4]**

Der kleine Fischerort (10 km) ist ein beliebtes Ausflugsziel. Am lebhaften Hafen kann man frischen Fisch direkt vom Kutter kaufen. Maasholm ist auch Ausgangspunkt für Hochseeangelfahrten. Bekannt ist es für seine Fischrestaurants, z.B. Restaurant *Schunta (tgl. | Hauptstr. 38 | Tel. 04642/965 60 | €€)*. Ein schöner Spaziergang führt zum *Naturschutzgebiet Oehe-Schleimünde.*

SCHÖNHAGEN **[113 E4]**

Das Ostseebad (7 km) verfügt über einen Sandstrand mit FKK-Abschnitt. Ideale Bedingungen für Windsurfer. *Auskunft: Touristinformation | Strandstr. 13 | Tel. 04644/95 11 | Fax 95 13 | www.schoenhagen-ostsee.de.* Im nahen Ort *Karby* speist man gut im *Gasthaus Nüser (6 Zi. | Rest. tgl. | Eckernförder Str. 46 | Tel. 04644/220 | Fax 978 11 | www.gasthaus-nueser.de | €).*

Insider Tipp **SIESEBY** **[113 D5]**

Dieser wunderschöne, verträumte Ort am Südufer der Schlei (13 km von Kappeln) mit seinen reetgedeckten, weiß getünchten Fachwerkhäusern ist komplett als Flächendenkmal geschützt. Im Schatten der im Kern romanischen Dorfkirche liegt das alte Pastorat, heute Restaurant *Schlie-Krog,* das eine mehrfach preisgekrönte Küche bietet *(Mo geschl. | Dorfstr. 19 | Tel. 04352/25 31 | €€€).*

WAABS **[113 E5]**

Parallel zur Eckernförder Bucht verläuft eine kurvenreiche Allee Richtung Waabs (Feriengebiet, gotische *Backsteinkirche* um 1400, 16 km). Sie führt an dem barocken *Herrenhaus Ludwigsburg* vorbei.

SCHLESWIG

KARTE AUF SEITE 121

[114 A1] Schon von weitem fällt dem Besucher der hohe, schlanke Turm des Schleswiger Doms auf. Als Wahrzeichen beherrscht er die Silhouette von Schleswig-Holsteins ältester Stadt, die 804 erstmals erwähnt wurde und in der Nachfolge Haithabus ein bedeutender Handelsplatz war. Besonderes überregionales Ansehen erlangte Schleswig im 16. Jh., als die

> LOW BUDGET

- Während in den meisten Orten Kurtaxe oder Strandgebühr erhoben wird, zahlt man in Damp weder das eine noch das andere.
- Das Schloss Louisenlund, 1776 erbaut und malerisch am Wasser gelegen, ist Internat und nicht zu besichtigen, der schöne Park ist jedoch kostenlos öffentlich zugänglich.

Gottorfer Herzöge dem Fürstensitz zu neuem Glanz verhalfen. Wegen seiner reizvollen Lage, den zahlreichen historischen Bauten und den bedeutenden Museen ist Schleswig (25 000 Ew.) ein lohnendes Ziel.

SEHENSWERTES

HOLM ★ [121 F2]

Ein einzigartiges Stück Schleswig ist die alte Fischersiedlung auf dem Holm. Das malerische Viertel mit seinen blumengeschmückten Häusern hat sich viel Ursprüngliches bewahrt. An der Ostseite von Holm liegt das ehemalige Benediktinerinnenkloster *St.-Johannis*, heute Damenstift *(Besichtigung nach Anmeldung | Tel. 04621/242 36).*

ST.-PETRI-DOM [121 E3]

Die Baugeschichte der dreischiffigen gotischen Hallenkirche reicht bis in das 11. Jh. zurück. Weltberühmt ist der *Bordesholmer Altar*, der 1514/21 von Hans Brüggemann geschaffen wurde. Mit seinen 392 Figuren ist er das bedeutendste Werk niederdeutscher Schnitzkunst.

SCHLOSS GOTTORF ★ [121 F6]

In der ehemaligen prächtigen Residenz der Gottorfer Herzöge sind seit 1947 die Schleswig-Holsteinischen Landesmuseen untergebracht. Die hochklassigen Sammlungen zur Kunst- und Kulturgeschichte sowie zur Archäologie (berühmt sind die mumifizierten Moorleichen) zeigen die kulturelle Vielfalt Schleswig-Holsteins von den Anfängen bis zur Gegenwart. Ein Jahrhundertwerk ist die 2007 vollendete Wiederherstellung des Barockgartens mit sechs Terrassen, Wasserspielen und dem Herkulesteich, in dessen Mitte eine monumentale Skulptur des sagenhaften Griechen emporragt als Sinnbild für Herzog Friedrich III., der die Figur dort aufstellen ließ. In der Mittelachse der Anlage steht das Globushaus, in dessen Innerem sich eine begeh- und drehbare Weltkugel befindet. Es handelt sich um den Nachbau des weitgehend zerstörten Originals aus dem 17. Jh., eines der Weltwunder des Barock. Die Außenseite zeigt die damals bekannte Geografie, das Innere Himmelsszenen *(Info und Anmeldung zur Führung und Fahrt in der Weltkugel: Tel. 04621/81 32 22 | gestaffelte Öffnungszeiten und Preise). Schloss: April–Okt. tgl. 10–18, Nov.–März Di–Fr 10–16, Sa/So 10–17 Uhr | Eintritt 6 Euro, Barockgarten 2 Euro | www.schloss-gottorf.de*

STADTMUSEUM SCHLESWIG [0]

Geschichte und Kultur Schleswigs. Sonderabteilung: eine Spielzeugsammlung. In extra Häusern werden Teddybären und „Outsiderkunst“ gezeigt. *Friedrichstr. 9–11 | Di–So 10–17, April–Okt. tgl. | Eintritt 3 Euro | www.stadtmuseum-schleswig.de*

WIKINGER-MUSEUM HAITHABU ★ [114 A1]

Das hervorragende Museum ist der Archäologie und Geschichte der Wikingersiedlung Haithabu gewidmet. In der Schiffshalle wird ein 1979 geborgenes Kriegsschiff gezeigt. Im Außengelände entstehen Nachbauten von Wikingerhäusern an historischer Stelle. *April–Okt. tgl. 9–17, Nov. bis März Di–So 10–16 Uhr | Eintritt 4*

Euro | Linienfahrten (Mai–Sept.) per Schiff von Schleswig | www.haithabu.de

ESSEN & TRINKEN

AM RUNENSTEIN [114 A1]
Essen wie die Wikinger: Jeden Do-Abend Haithabu-Buffet. *Mo geschl. | Busdorf (5 km südl.) | Am Margarethenwall | Tel. 04621/321 90 | www.am-runenstein.de* | €€

RINGELNATZ [121 E2]
Wie in Omas guter Stube. Schleifisch, mediterrane Küche. *So geschl. | Fischbrückstr. 3 (am Rathaus) | Tel. 04621/255 88* | €€

SCHLEIMÖWE [121 F2]
Gemütliches Fischrestaurant am Holm. *Tgl. | Süderholmstr. 8 | Tel. 04621/243 09* | €

ÜBERNACHTEN

HOTEL ALTER KREISBAHNHOF [121 E3]
Im denkmalgeschützten Bahnhof. Betreiber ist ein gemeinnütziger Verein, die Hälfte des Personals besteht aus Menschen mit Behinderungen. *17 Zi. | Königstr. 9 | Tel. 04621/302 00 | Fax 30 20 10 | www.hotel-alter-kreisbahnhof.de* | €€

BED & BREAKFAST AM DOM [121 E2–3] Insider Tipp
Das stilvoll renovierte, 200 Jahre alte Haus befindet sich in ruhiger Lage in der Altstadt. *6 Zi. | Töpferstr. 9 | Tel. 04621/48 59 92 | Fax 48 59 93 | www.bb-schleswig.de* | €€

AUSKUNFT

TOURISTINFORMATION [121 E3]
Plessenstr. 7 | 24837 Schleswig | Tel. 04621/85 00 56 | Fax 85 00 55 | www.ostseefjordschlei.de

Moorleichen, Messkelche und Malerei: Schloss Gottorf zeigt die kulturelle Vielfalt des Landes

> WEISSE STRÄNDE UND SCHROFFE STEILKÜSTEN

Maritime Großstadt vor bäuerlichem Hinterland mit stattlichen Herrenhäusern und hübschen Dörfern

> Überaus abwechslungsreich gestaltet sich die Ostseeküste zwischen Eckernförde und Kiel sowie dem Ostufer der Kieler Förde und der Probstei. Diesen Eindruck bekommen besonders Spaziergänger, die auf dem Europäischen Fernwanderweg 1 in Ufernähe unterwegs sind. Schmale, steinige Uferabschnitte sowie feinsandige Strände säumen den Küstenstreifen. Sie werden begrenzt durch Dünen, Deiche und Steilküsten. Auf der Halbinsel Dänischer Wohld findet man 15 km lange bewaldete Steilufer, die bis zu 30 m hoch sind. Besonders fein und weiß ist der Strand an der Küste der Probstei, bei den Orten mit den wohlklingenden Namen Kalifornien und Brasilien. Windsurfer schätzen diesen Küstenabschnitt besonders. Geschäftiger geht es in den Bädern der Kieler Förde zu. Die Landeshauptstadt Kiel ist nahe, und ständig präsentiert sich pralles maritimes Leben:

Bild: Kieler Hafen

KIEL UND DIE KIELER BUCHT

Segler, Fähren, Frachter und Kreuzfahrtschiffe gleiten vorbei. Im bäuerlichen Hinterland erstrecken sich Felder und Wälder, es gibt beschauliche Dörfer, große Herrenhäuser und idyllische Seen.

ECKERNFÖRDE

[114 C1–2] ★ **Dieses Dreigestirn gibt es an der schleswig-holsteinischen Ostseeküste kein zweites Mal: Der 4 km lange Sandstrand, die Altstadt und der Hafen liegen in Eckernförde (23 000 Ew.) zusammen.** Bereits seit 1830 ist Eckernförde beliebter Familienbadeort. Auch Handel und Fischerei spielen eine Rolle, zudem ist die Stadt Standort der Bundesmarine. Berühmt sind die Fischräuchereien. Sie liefern die *Echten Kieler Sprotten*, geräucherte Heringsfische. Im Juli werden dem Fisch zu Ehren die „Sprottentage" veranstaltet.

Stadtgeschichte im Alten Rathaus

SEHENSWERTES

ALTSTADT

Zwischen der *Kieler Straße* und dem *Jungfernstieg* hat sich in schmalen Gassen mit typischen norddeutschen Altstadthäusern der ursprüngliche Charakter des Fischerstädtchens erhalten: *Kattsund, Rosengang, Gudewerdstraße.*

MUSEUM ECKERNFÖRDE

Im zweigeschossigen *Alten Rathaus*, dessen Kernbau um 1420 errichtet wurde, befindet sich das Museum. Schwerpunkte: Stadtgeschichte, Fischereigewerbe und eine Elektrosammlung. *Rathausmarkt 8 | Mai bis Okt. Di–Sa 10–12.30 und 14.30–17, So 11–17, Nov.–April Di–Sa 14.30–17, So 11–17 Uhr | Eintritt 2 Euro*

SEE- UND FISCHEREIHAFEN

Am Kai kann man frischen Fisch günstig direkt vom Kutter kaufen. Malerisch ist die Szenerie um die Holzbrücke, die den Hauptkai mit dem Stadtteil Borby verbindet.

ESSEN & TRINKEN

ECKERNFÖRDER FISCHDEEL

Das Restaurant am Ort für Fischspezialitäten aller Art. *Mi geschl. | Kattsund 22 | Tel. 04351/56 51 |* €€

KAFFEEHAUS UND KONDITOREI HELDT

Eines der ältesten und traditionsreichsten Cafés in Schleswig-Holstein. Über 120 Gebäcksorten und Marzipanspezialitäten. *Tgl. | St. Nikolai-Str. 1 | Tel. 04351/27 31 |* €–€€

KIEK UT

Das gemütliche Reetdachhaus liegt am Ortseingang (an der B 76), mit Blick über die Bucht. *Di geschl. | Tel. 04351/413 10 |* €€–€€€

EINKAUFEN

Jeden ersten Sonntag im Monat (außer Jan.) verwandelt sich der Hafen in den traditionellen *Eckernförder Fischmarkt*, auf dem es von Aal bis Zuckerwatte alles gibt.

ÜBERNACHTEN

ECKOTEL H1

„Motel garni“ 3 km vom Stadtkern und etwa zehn Gehminuten vom Strand. Einige Zimmer sind barrierefrei, andere eigens für Allergiker. *14 Zi. | Holm 1 | Tel. 04351/767 63 | Fax 76 76 40 | www.eckotel-h1.de |* €

Insider Tipp **HOTEL SIEGFRIED WERFT**

Gemütliches Haus am Ufer des Fischereihafens. Gute Küche, v.a. Fisch. *10 Zi. und 6 Apartments | Vogelsang 12 | Tel. 04351/757 70 | Fax 75 77 77 | www.hotel-siegfried-werft.de | €€*

STADTHOTEL

Modernes Haus an der Kurpromenade. Zahlreiche Extras. *65 Zi., 2 Suiten | Am Exer | Tel. 04351/727 80 | Fax 72 81 78 | www.stadthotel-eckernfoerde.de | €€€*

AM ABEND

Heiße Nächte im kühlen Norden verspricht das ▶▶ *Discoland K7*. Der Tanztempel mit Swimmingpool zieht junge Partygänger aus dem gesamten norddeutschen Raum an *(Mi/Fr/Sa ab 21 Uhr | Kolm 7 | Gewerbegebiet Süd | www.disco-K7.de)*. Ein gemütliches Weinlokal ist das Insider Tipp *Römer (Frau Clara-Str. 17 | Tel. 04351/47 50 44 | Mo geschl. | €)*.

AUSKUNFT

TOURISTINFORMATION

Am Exer 1 | 24340 Eckernförde | Tel. 04351/717 90 | Fax 62 82 | www.ostseebad-eckernfoerde.de

ZIELE IN DER UMGEBUNG

ALT DUVENSTEDT [114 A3]

Direkt am Bistensee (20 km) liegt eines der schönsten Landhotels der Gegend, das Seehotel ★ *Töpferhaus* mit bekanntem Gourmetrestaurant *(So/Mo geschl.). 48 Zi. | Tel. 04338/997 10 | Fax 99 71 71 | www.toepferhaus.com | €€€*

GUT ALTENHOF [114 C2]

Ein Flügel des imposanten Herrenhauses (5 km), das im ersten Viertel des 18. Jhs. von Cai Graf Reventlow erbaut wurde, ist heute Restaurant des Altenholzer Golfclubs *(Tel. 04351/412 27 | www.gcaltenhof.de | €€)*. Im Sommer finden auf dem Gut Konzerte des Schleswig-Holstein-Musikfestivals statt.

MARCO POLO HIGHLIGHTS

★ **Sophienhof**
Kiel besitzt eines der größten überdachten Einkaufszentren Deutschlands (Seite 52)

★ **Eckernförde**
Hafenstadt mit uriger Altstadt (Seite 47)

★ **Töpferhaus**
Ein romantisches Landhotel am Bistensee in Alt Duvenstedt (Seite 49)

★ **Schleusenanlagen**
Kiel-Holtenau: eine der größten Schleusenanlagen der Welt (Seite 51)

★ **Kiellinie**
Kilometerlange Flaniermeile an der Kieler Förde mit erstklassigem Hafenblick (Seite 50)

★ **Molfsee**
Interessantes Freilichtmuseum auf 60 ha Fläche. Schleswig-Holstein von seiner schönsten Seite (Seite 55)

★ **U-Boot U 995**
Ein Stück Zeitgeschichte ist in Laboe zu besichtigen, wo ein U-Boot aus dem Zweiten Weltkrieg liegt (Seite 54)

HÜTTENER BERGE [114 B–C 1–3]

Die Hüttener Berge (15 km südwestl.) bilden einen Naturpark von 22 000 ha mit Wäldern und Spazierwegen. Eine herrliche Aussicht genießt man vom *Aschberg*, (97 m), auf dessen „Gipfel" ein Bismarck-Denkmal steht.

KIEL

KARTE IN DER HINTEREN UMSCHLAGKLAPPE

[115 D–E3] **Die Landeshauptstadt an der Förde wirkt auf den ersten Blick eher distanziert.** Bei näherer Betrachtung wandelt sich das Bild, die Stadt hat durchaus ihre Reize, präsentiert sich jung und lebhaft.

Bis vor rund 130 Jahren war Kiel eine relativ kleine Universitätsstadt. Erst nachdem Kaiser Wilhelm II. es 1872 zum Reichskriegshafen erklärt hatte und eine sich schnell entwickelnde Werftindustrie entstanden war, wuchs es heran. Durch den Bau des Nord-Ostsee-Kanals bekam die Fördestadt Anschluss an die Weltschifffahrt. Im Zweiten Weltkrieg wurde die Stadt mit ihrem sieben Jahrhunderte alten Kern fast völlig zerstört. Heute ist Kiel (244 000 Ew.) Metropole von Schleswig-Holstein. Der Hafen ist Drehscheibe für den Warenverkehr mit dem gesamten skandinavischen Raum und Brücke in die baltischen Länder. Kiel ist Industriestandort, Stadt des Schiffbaus und der Marine. Segler gehören in der „Sailing City", wie Kiel sich selbst nennt, zum täglichen Bild. Kieler Woche, Europa- und Weltmeisterschaften sind hochklassige Ereignisse, Fährschiffe laufen nach Norwegen, Dänemark, Russland und in die baltischen Länder aus. Kreuzfahrtschiffe aus aller Welt machen hier fest – und das alles mitten in der Stadt. Entlang der ★ *Kiellinie* [U C1–2], einer Flaniermeile zwischen Kunsthalle und Landesministerien, haben Fußgänger den besten Blick auf das Hafengeschehen. Auf dem Ostufer der Förde am Willy-Brandt-Ufer entsteht das neue Viertel *Kai-City* [U A5] mit Hightecharchitektur, Geschäften und Restaurants.

SEHENSWERTES

AQUARIUM AM INSTITUT FÜR MEERESKUNDE [U C2]

Schaufenster in die Nord- und Ostsee mit Seehundaußenbecken an der Kiellinie. Die öffentlichen Fütterungen *(Sa–Do 10 und 14.30 Uhr)* sind ein beliebtes Spektakel. *Düsternbrooker Weg 20 | April–Sept. tgl. 9 bis 19, Okt.–März 9–17 Uhr | Eintritt 1,50 Euro*

GORCH FOCK [0]

Die Gorch Fock ist das berühmteste deutsche Segelschiff und heimliches Wahrzeichen Kiels. Wenn das 1958 in Dienst gestellte Segelschulschiff der Bundesmarine nicht gerade auf den Weltmeeren unterwegs ist, liegt es im Kieler Tirpitzhafen. Bei Touristen ist die 81 m lange, schneeweiße Dreimastbark, die zur Kieler Woche meist unter Segeln zu sehen ist, ein beliebtes Fotomotiv.

KUNSTHALLE ZU KIEL [U C2]

Internationale Kunst aus dem 19. und 20. Jh. *Düsternbrooker Weg 1 | Di bis So 10–18, Mi 10–20 Uhr | Eintritt 6 Euro*

RATHAUS [U A4]
Die weitläufige, im Jugendstil errichtete Anlage wird von dem 106 m hohen Rathausturm überragt. Er ist das bauliche Wahrzeichen Kiels. Einen schönen Blick haben Sie von der Aussichtsgalerie. *Führungen Mai bis Sept. (Auskunft bei der Touristinformation)*

tgl. 10–18, Nov.–März Di–So 10–17 Uhr | Eintritt 3 Euro

SCHLEUSENANLAGEN ★ [0]
Eine Besichtigung der Schleusenanlagen des Nord-Ostsee-Kanals in Kiel-Holtenau sollte man auf keinen Fall auslassen, sie lohnt sich nicht nur für Technikinteressierte *(Führungen bis 25 Pers. tgl. 9, 11, 13 und 15 Uhr | im Sommer am besten vorab anmelden | Tel. 0431/360 34 07 | Eintritt 2,30 Euro)*. Empfehlenswert ist ein Abstecher in den beschaulichen Seglerhafen von Holtenau. In der *Villa Hoheneck* direkt am Kanal treffen sich die Kieler bei schönem Wetter im Biergarten *(Friedrich-Voss-Ufer 57 | Tel. 0431/389 83 38 | €€)*. Zum Essen empfiehlt sich allerdings

Imposant: Der Nord-Ostsee-Kanal ist die meistbefahrene künstliche Wasserstraße der Welt

ST.-NIKOLAI-KIRCHE [U B3]
Neben dem Haupteingang der Kirche am Alten Markt (im Krieg zerstört, 1950 wieder aufgebaut) steht die von Ernst Barlach geschaffene Plastik *„Der Geistkämpfer“*.

SCHIFFFAHRTSMUSEUM [U B4]
Sammlung zur Schifffahrts- und Schiffbaugeschichte. Oldtimerhafen. *Alte Fischhalle | Wall 65 | April–Okt.*

das kanalaufwärts gelegene *Kanal-Feuer (Nov.–April Di geschl. | Altenholz | Kanalweg 1 | Tel. 0431/369 94 08 | €–€€).*

Sophienhof: Einkaufsspaß der Superlative

STADTMUSEUM WARLEBERGER HOF [U B3]

Im ältesten Haus von Kiel unweit des ehemaligen Schlosses. Die Ausstellungen mit Stadtbezug reichen von Marinemalerei bis zu Comic und Fotografie. *Dänische Str. 19 | April bis Sept. tgl. 10–18, Okt.–März Di–So 10–17 Uhr | Eintritt 2 Euro*

ESSEN & TRINKEN

PARKRESTAURANT KIELER KAUFMANN [0]

Im aristokratischen Ambiente des Hotel-Restaurants speist man mit Blick auf die Förde. *Tgl. | Niemannsweg 102 | Tel. 0431/881 10 | www.kieler-kaufmann.de* | €€€

LOUF ▶▶ [U C1] Insider Tipp

Szenerestaurant mit Politprominenz und vielfältiger Küche. Lecker ist der hausgemachte Apfelkuchen. Auf der Terrasse genießen die Gäste den Fördeblick. *Tgl. | Reventlouallee 2 | Tel. 0431/55 11 78 | www.louf.de* | €€

N.I.L. [U A2] Insider Tipp

Angesagter Treffpunkt nach dem Einkaufsbummel in der „Holtenauer". Vitalkost bestimmt die Speisekarte. *Tgl. | Holtenauer Str. 40c | Tel. 0431/259 69 68* | €€

EINKAUFEN

Größtes Einkaufszentrum mit Niveau ist der mit Glas überdachte ★ *Sophienhof* [U A5]. Auf zwei Verkaufsebenen bieten Dutzende Fachgeschäfte alles, was das Herz begehrt. Außerdem gibt es viele Restaurants und Cafés. Beliebte Einkaufszone sind auch die *Holtenauer Arkaden* in der Holtenauer Straße. Die Fußgängerzonen *Holsten-, Schloss-* und *Dänische Straße* bieten eine Fülle von Läden und Kaufhäusern.

ÜBERNACHTEN

HOTEL AM SCHWEDENKAI [U B4]

Sympathisches Hotel garni am neu gestalteten Bootshafen. Vor dem Fenster liegt die Schweden-Fähre vor Anker. *29 Zi. | Holstenbrücke 28 |*

Tel. 0431/98 64 20 | Fax 986 42 20 | www.hotel-am-schwedenkai.de | €€

BEKPEK [O]

Das sympathische Rucksackhotel hat fast nur Mehrbettzimmer. Fahrradverleih, außerdem gibt es eine Küche für Selbstversorger. *10 Zi. | Kronshagener Weg 130a | Tel. 0431/888 80 09 | Fax 888 80 33 | www.bekpek-kiel.de* | €

INTERCITY-HOTEL [U A5]

Modernes Innenstadthotel mit gutem Service. *124 Zi. | Kaistr. 54–56 | Tel. 0431/664 30 | Fax 664 34 99 | www.intercityhotels.de* | €€–€€€

Insider Tipp

RINGHOTEL BIRKE [O]

Ruhiges, komfortables Haus am Waldesrand mit großer Wellnessabteilung, Schwimmbad und Gourmetrestaurant. *82 Zi. | Martenshofweg 2 | Tel. 0431/533 10 | Fax 533 13 33 | www.hotel-birke.de* | €€€

FREIZEIT & SPORT

SCHIFFSAUSFLÜGE

Im Sommer verkehren die *Fördeschiffe* zwischen Kiel und den Badeorten an der Förde. Angeboten werden auch Fahrten auf dem Nord-Ostsee-Kanal, durch den Hafen und nach Kappeln *(Tel. 0431/594 12 60 | www.sfk-kiel.de)*. Nicht versäumen: eine Fahrt auf der Schwentine bis nach Raisdorf. *Von Mai–Sept. Auskunft: Tel. 0431/72 24 28 | www.schwentinetalfahrt.de*

AM ABEND

Kunst und Kultur werden in Kiel großgeschrieben. Die Oper und das Schauspielhaus, das Kinder- und Jugendtheater sowie das Ballett *(im Opernhaus)* haben einen guten Ruf. Hinzu kommen Privattheater, die Sparkassen-Arena, Konzertsäle und Clubs. Arenen und Hallen offerieren ein breites Angebot für Sportfans und Messebesucher.

Erstklassig sind Cocktails und Ausblick in der Bar im 10. Stock des *Hotel Astor (Holstenplatz 1)* [U A4]. Kulturzentren mit Anspruch und lebhaftem Kneipenbetrieb sind ▸▸ *Traum GmbH* (*Grasweg 19* [O] | *www.traumgmbh.de*), ▸▸ *Hasastr. 48* ([O] | *www.hansastrasse48.de*) und ▸▸ *Pumpe* (*Haßstr. 22* [U B3]). Mehrere Diskos, Billardcafés und Restaurants mit sehr jungem Publikum befinden sich im Hof in der ▸▸ *Bergstraße* [U A2]. Infos in den Stadtmagazinen *Tango* oder *Ultimo*.

>LOW BUDGET

- Eine Schiffsfahrt zum Bustarif können Sie mit den Dampfern unternehmen, die im Sommerhalbjahr zwischen West- und Ostufer der Kieler Förde pendeln.
- In Eckernförde gibt es zwischen Ende Mai und September alle 14 Tage am Donnerstagabend kostenlose Rock-, Pop- oder Jazzkonzerte auf dem Rathausmarkt.
- In Möltenort ist das eindrucksvolle U-Boot-Ehrenmal mit Tausenden Namen von im Zweiten Weltkrieg Gefallenen frei zugänglich. Dort fahren auch die großen Pötte nur wenige Meter vom Ufer entfernt vorbei, darunter die größten Fährschiffe der Welt von der norwegischen Color Line *(tgl. ca. 14.30 Uhr)*.

KIEL

AUSKUNFT

TOURISTINFORMATION [U A4]

Andreas-Gayk-Str. 31 | 24103 Kiel | Tel. 01805/565 67 00 | Fax 0431/ 679 10 99 | www.kiel-tourist.de

ZIELE IN DER UMGEBUNG

HEIKENDORF [115 E3]

In dem beschaulichen Ort am Ostufer der Kieler Förde gibt es ein sehenswertes Insider Tipp *Künstlermuseum*, in dem Werke von Mitgliedern der Künstlerkolonie Heikendorf und anderer Künstler aus der Region präsentiert werden. Mit viel Liebe angelegt ist der Museumsgarten. *Teichtor 9 | Di bis Sa 14–17, So 11–17 Uhr | Eintritt 2,50 Euro*

GUT KNOOP [115 D3]

Bedeutendstes klassizistisches Herrenhaus Schleswig-Holsteins (5 km) inmitten eines Landschaftsparks, umgeben von See- und Wassergräben. Bei Kiel-Holtenau, in der Nähe des alten Eider-Kanals (schöne Spazierwege). *Führungen für Gruppen nach Anmeldung | Tel. 0431/361012 | www-gut-knoop.de*

LABOE [115 E2]

Lebhaftes Familienbad mit breitem Strand und hübschem Hafen 20 km nordöstlich von Kiel. Zahlreiche Segelschulen. Attraktion ist das weithin sichtbare, 85 m hohe *Marine-Ehrenmal (Eintritt 4 Euro)*, von dem man einen herrlichen Ausblick hat *(April–Okt. tgl. 9.30–19, Nov.–März 9.30–17 Uhr)*. Am Strand liegt das ★ *U-Boot U995*. Beim Gang durch eines der letzten noch erhaltenen U-Boote des Zweiten Weltkriegs werden die bedrückende Enge und die Faszination der Technik spürbar *(geöffnet wie Ehrenmal | Eintritt 2,50 Euro)*. Den Besuch wert ist auch die *Meeresbiologische Station*, wo in 30 Insider Tipp

Naturschauspiel: Die Steilküste bei Schwedeneck erreicht bei Stohl eine Höhe von über 30 m

Aquarien gefleckte Katzenhaie, rote Knurrhähne, Seehasen und andere Meerestiere leben. Jeder Besucher erhält eine Führung *(Strand 1 | April–Okt. Di–So 11–18, Nov.–März Do–So 11–18 Uhr | Eintritt 5 Euro | www.meeresbiologielaboe.de)*. *Kurbetrieb | Tel. 01805/55 71 72 | www.laboe.de*

MOLFSEE ★ **[115 D4]**

Das *Schleswig-Holsteinische Freilichtmuseum* (9 km) gehört zu den schönsten seiner Art in Deutschland. Bauernhäuser, Katen, Scheunen, Windmühlen sowie Werkstätten des dörflichen Handwerks aus allen Landschaften Schleswig-Holsteins stehen auf dem 60 ha großen Gelände. Handwerker zeigen alte Techniken. *April–Okt. tgl. 9–18, Nov. bis März So und Fei 11–16 Uhr | Hamburger Landstr. 97 | Eintritt 6 Euro | www.freilichtmuseum-sh.de*

NATURPARK WESTENSEE **[114 C4]**

17 km westlich von Kiel liegt der 25 000 ha große Naturpark mit schönen Wanderwegen. Mittendrin das klassizistische Herrenhaus *Emkendorf*, im 18. Jh. eines der größten Adelshäuser Schleswig-Holsteins.

SCHÖNBERG **[115 F2]**

Station der nostalgischen Museumsbahn, die im Sommer Sa/So nach Schönberger Strand fährt (22 km). Sehenswert: *Probsteier Heimatmuseum (Mai–Sept. Di–So 14–17 Uhr)* und *Kindheitsmuseum (Juni–Sept. Di–So 14–18 Uhr, Eintritt je 2 Euro)*

SCHWEDENECK **[115 D2]**

Die Küste des Gebietes Dänischer Wohld – insbesondere bei ▶▶ Schwedeneck (20 km) und Dänisch Nienhof – gilt als Geheimtipp und ist ideal zum Baden, Segeln und Surfen. Eine Wanderung auf der Steilküste zwischen Surendorf und Bülk (Leuchtturm) sollte man sich keinesfalls entgehen lassen. Insider Tipp Zum Rasten bietet sich die *Strandoase* in Surendorf an *(Tel. 04308/18 99 05 | gestaffelte Öffnungszeiten, im Winter nur So | www.strandoase-surendorf.de)*. Wenn Vollmond ist, wird am ▶▶ Strand gefeiert.

SELENTER SEE **[115 F3–4]**

Der zweitgrößte See Schleswig-Holsteins (2300 ha, 23 km) steht teilweise unter Naturschutz, teilweise ist er für Wassersport freigegeben. Sehr hübsch ist das Dorf *Bellin* am Südufer mit reetgedeckten Fachwerkhäusern. Bei *Fischermeister Reese* genießt man Fangfrisches *(www.reese-fischzucht.de)*. Im hübschen *Seekrug* an der Südostecke des Sees gibt es leckeren Fisch in rustikaler Atmosphäre *(Mo geschl. | Tel. 04381/49 08 | €)*. In der Nähe von *Fargau* liegt das *Herrenhaus Salzau* (heute Kulturzentrum). Im Torhaus befinden sich eine *Galerie (Fr–So 15–18 Uhr)* und ein *Café-Bistro (wechselnde Öffnungszeiten | www.kulturzentrum-salzau.de)*.

STRANDE **[115 E2]**

Kleiner Segler- und Badeort (15 km) mit schöner Promenade und Fördeblick, ideal zum Radfahren. Ein guter Tipp zum Wohnen und Essen: das komfortable *Strandhotel* im Landhausstil *(29 Zi. | Tel. 04349/917 90 | Fax 917 92 10 | www.strandhotel.de | €€€)*.

> NATURPARK AUS WÄLDERN UND SEEN

Festspiele, Wanderwege, Kutschfahrten und Kneippkuren

> Dichte Wälder, hügelige, weite Felder und mehr als 150 Seen prägen das Landschaftsbild zwischen Lütjenburg im Norden, Schönwalde im Osten und Bad Segeberg im äußersten Südwesten. Die größten Seen sind durch die Schwentine verbunden. So ergibt sich eine zusammenhängende Wasserfläche von rund 40 km^2.

Als um die Jahrhundertwende in diesem Gebiet der Fremdenverkehr begann, erfand ein cleverer Hotelier einen zugkräftigen Namen für die liebliche Landschaft: Holsteinische Schweiz. Die gesamte Region, vor allem im Dreieck Plön, Bad Malente und Eutin, gehört zu den bedeutendsten Feriengebieten Schleswig-Holsteins. Hierher zieht es vor allem aktive Urlauber, die gern wandern oder Fahrrad fahren. Auf Ostseeluft muss man dennoch nicht verzichten: Die Strände der Hohwachter Bucht mit ihren beliebten Ferienorten liegen in erreichbarer Nähe.

Bild: Steilküste bei Heiligenhafen

DIE HOLSTEINISCHE SCHWEIZ

BAD MALENTE-GREMS-MÜHLEN

[116 A5] Das einzige Kneippheilbad (10 700 Ew.) Schleswig-Holsteins, flankiert von Diek- und Kellersee, präsentiert sich als lebhafter Ferien- und Ausflugsort mit großem Veranstaltungsprogramm. Die Promenade am Diekseeufer ist Hauptanziehungspunkt. Spaziergänger schätzen die nahen Wälder, den Kurpark und das Wildgehege.

SEHENSWERTES

IMMENHOF

Insider Tipp

Die Immenhof-Filme aus den 1950er-Jahren begeistern mehr denn je Jung und Alt. Den Hof gibt es wirklich, er liegt in Bad Malente und heißt Rothensande. Plakate, Filmaccessoires und -fotos sind im *Immen-*

hof-Museum im *Seehotel Diekseepark* zu bewundern *(Diekseepromenade 23 | tgl. 15–18 Uhr | Eintritt 1,50 Euro)*. Nostalgische *Radtouren* zu den Drehorten von damals bietet Mario Würz im Sommer an *(Sa/So, Start 10 Uhr am Bhf. Malente | 5 Euro | www.immenhof-filme.info)*. Im

ÜBERNACHTEN

HOTEL DIEKSEE

Behagliches Hotel am See mit gutem Restaurant (Terrasse); Schwimmbad, Liegewiese, Wellnessbereich (Sauna). *70 Zi. | Diekseepromenade 13–15 | Tel. 04523/99 50 | Fax 99 52 00 | www.hoteldieksee.de* | €€–€€€

Im Bootshaus am Dieksee gibt's außer Treetbooten das „Diekseewasser", ein Glas Korn

Sommer gibt es die Immenhof-Geschichten als Open-Air-Theater.

ESSEN & TRINKEN

Insider Tipp **BOOTSHAUS AM DIEKSEE**

Urige Fischerhütte mit Seeterrasse. Man trifft sich bei Wirt Kay auf ein *Diekseewasser. Tgl. | Diekseepromenade 4 | Tel. 04523/31 04* | €

LANDGASTHOF KASCH

Familiär, große Kaffeeterrasse und eigener Bootssteg. *Tgl. | Timmdorf | Tel. 04523/33 83* | €€

VILLA IM STEINBUSCH

Schönes Jugendstilhaus (1906), zentral, ruhig. *11 Zi. | Sebastian-Kneipp-Str. 1 | Tel. 04523/26 37 | Fax 76 95 | www.villa-im-steinbusch.de* | €

FREIZEIT & SPORT

5-SEEN-FAHRT UND KELLERSEE-FAHRT ★

Eine Bootsfahrt im Ausflugsdampfer auf den Seen der Holsteinischen Schweiz ist ein landschaftlicher Genuss. *Von Ostern–Okt. Kaffeefahrten Sa/So, unregelmäßig im Winter, An-*

legestellen in Bad Malente, Niederkleveez, Plön-Fegetasche, Timmdorf, Fissau, Sielbeck-Uklei | Tel. 04523/22 01 | www.5-seen-fahrt.de | Staffelpreise

AUSKUNFT

TOURISMUS-SERVICE

Bahnhofstr. 3 | 23714 Bad Malente-Gremsmühlen | Tel. 04523/989 90 | Fax 98 99 99 | www.bad-malente.de

ZIELE IN DER UMGEBUNG

KIRCHNÜCHEL [116 B5]

Neben der Feldsteinkirche aus dem 13. Jh. (10 km) steht ein Mausoleum, die bedeutendste Anlage dieser Art im Land. Gegenüber liegt das historische Gasthaus *Marienquelle (Mo–Mi geschl. | Tel. 04528/91 36 13 | www.marien-quelle.de | €–€€).*

SCHÖNWALDE AM BUNGSBERG [116 C5]

Der als „schönes Dorf" ausgezeichnete Ort (2500 Ew., 14 km) liegt am Fuße des *Bungsberg*. Mit 168 m ist er Schleswig-Holsteins höchste Erhebung. In schneereichen Wintern kann man sogar Ski fahren. Herrliche Aussicht vom Fernmeldeturm (53 m).

UKLEISEE [116 B5] Insider Tipp

Romantischer kleiner See (5 km) im Anschluss an den Kellersee. Spazierwege führen rund um den See und zu dem von Herzog Friedrich August 1776 erbauten Jagdschlösschen *(im Sommer Sa/So geöffnet | Auskunft über Touristinfo Eutin | Tel. 04521/709 70)*. Einkehr: *Uklei-Fährhaus in Sielbeck | Tel. 04521/24 58 | €€*

EUTIN

[116 B5–6] ★ **Eutin (17 000 Ew.) – zwischen zwei Seen gelegen – ist eine zauberhafte, klassizistisch geprägte und lebendige Kleinstadt im Herzen der Holsteinischen Schweiz.** Die frühere Residenzstadt der Lübecker Bischöfe galt lange Zeit als „Weimar des Nordens". Um 1800 war Eutin ein überregionales kulturelles Zentrum, das Schloss rühmte man als „Musenhof". Im Schlossgarten finden auf Eutins „Grünem Hügel" seit 1951 von Juli bis August Festspiele mit Opernaufführungen statt. Im Sommer ranken an den Fassaden prächtige Rosenstöcke empor. Daher ist Eutin auch als „Rosenstadt" bekannt.

MARCO POLO HIGHLIGHTS

★ **Eutin**
Die „Rosenstadt" bezaubert heute wie einst (Seite 59)

★ **Kutschfahrten**
Mit der Kutsche durch Wald und Feld (Seite 61)

★ **5-Seen-Fahrt und Kellersee-Fahrt**
Eine Schifffahrt ist ein touristisches Muss (Seite 58)

★ **Plön**
Über der herrlich gelegenen Altstadt mit den winkligen Gassen thront das imposante Schloss (Seite 65)

★ **Klosteranlage**
Preetz besitzt eine kunsthistorische Kostbarkeit mit mächtigem Barockaltar (Seite 67)

Schloss Eutin gehört zu den bedeutendsten höfischen Profanbauten Schleswig-Holsteins

DIE HO

SEHENSWERTES

OSTHOLSTEIN-MUSEUM

Das Museum in dem ehemaligen Marstall vor dem Schloss präsentiert u. a. Informationen über den berühmtesten Sohn der Stadt, den Komponisten Carl Maria von Weber. Auch Werke des Malers Johann Heinrich Wilhelm Tischbein. *Schlossplatz 1 | April–Sept. Di–So 10–13 und 14–17, Do 14–19, Okt.–Jan. und März Di–So 15–17 Uhr, Do/So auch 10–12 | Eintritt 1,50 Euro*

ST.-MICHAELIS-KIRCHE

Die St.-Michaelis-Kirche von Anfang des 13. Jhs. ist das älteste noch bestehende Gebäude Eutins.

SCHLOSS EUTIN

Das Eutiner Schloss, einstige Residenz der Fürstbischöfe von Lübeck und Großherzöge von Oldenburg, zählt zu den bedeutenden Kulturdenkmälern des Landes. Wunderschön ist der Schlosspark im englischen Landschaftsstil mit Teichen, Statuen und einer 200 m langen Lindenallee. Den Schlossplatz säumen klassizistische Gebäude: Marstall, Wagenremise und Kavaliershaus. Die benachbarte *Stolbergstraße* steht wegen ihrer geschlossenen architektonischen Wirkung unter Ensembleschutz. *Schloss: Ostern–Okt., tgl. Führungen 11, 12, 14, 15, 16 (Hochsaison auch 13) Uhr | Eintritt 4 Euro*

ESSEN & TRINKEN

ANMABU

Fisch- und Steakrestaurant mit lockerer Atmosphäre. *Mo geschl. | Freischützstr. 7 | Tel. 04521/77 67 00 | www.anmabu.de* | €€

TAC

Der Name leitet sich von den Initialen der drei Betreiber ab. Junge kreative Küche mit österreichischem Einschlag wird an großen Holztischen serviert. *Tgl. | Lübecker Landstr. 55 | Tel. 04521/79 59 69 | www.restaurant-tac.at | €€*

EINKAUFEN

Wegen seiner Geschlossenheit gehört der weitläufige, mit Steinen gepflasterte Eutiner Markt zu den schönsten Plätzen Schleswig-Holsteins. Hier und in den umliegenden Straßen – *König-, Peterstraße* und *Rosengarten* – gibt es schicke Boutiquen und Läden. *Mittwochs* und *samstags* ist bunter *Wochenmarkt*.

ÜBERNACHTEN

EUT-IN

Feines, kleines Hotel mit Minisee in den Gebäuden der ehemaligen Straßenmeisterei. Kooperiert mit dem Restaurant *TAC. 8 Zi. | Lübecker Landstr. 53 | Tel. 04521/77 88 10 | www.eut-in-hotel.de | €€–€€€*

HOTEL WIESENHOF

Komfortable Unterkunft in herrlicher Lage; Sauna und Schwimmbad. *30 Zi. | Leonhard-Boldt-Str. 25 | Tel. 04521/707 60 | Fax 70 76 66 | www.hotel-wiesenhof.de | €€*

FREIZEIT & SPORT

Gute Möglichkeiten zum Segeln, Rudern, Tennis, Reiten. Seebadeanstalt, Hallenbad. Wanderwege führen um die Seen. Nordic-Walking-Routen sind ausgewiesen. Ein beliebter Sport ist das Wasserwandern auf der Schwentine.

EUTINER SEENRUNDFAHRT

Von Ostern bis Oktober schippert die *MS Freischütz* auf dem Großen Eutiner See. *Rundfahrt 5 Euro | Tel. 04521/33 44*

KUTSCHFAHRTEN ★

Mit der Kutsche (Landauer, Jagdwagen oder Kremser) durch den Naturpark Holsteinische Schweiz zu fahren ist ein Erlebnis. Sie reisen im Barwagen, „wie zu Kaisers Zeiten" oder auf den Spuren des Eutiner Komponisten Carl Maria von Weber. *Kutschen Moser | Braaker Str. 18 | Tel. 04521/26 92 | www.holsteiner-kutschfahrten.de*

> LOW BUDGET

- Im Dodauer Forst in Eutin existiert eine Partnervermittlung zum Nulltarif: Hier steht eine knorrige, 500 Jahre alte Eiche. Sie dient als Briefkasten für Verliebte und als Kontaktanschrift für jene, die es gerne wären. Unter der Adresse *Bräutigamseiche, Dodauer Forst, 23701 Eutin,* stellt die Deutsche Post dorthin Briefe zu. Viele Ehen sollen hier begonnen haben
- Ohne Eintritt zu erklimmen ist der Parnass-Aussichtsturm in Plön *(Ostern–Okt., tgl. 9–19 Uhr).*
- Der Columbus Park im Ferienzentrum Weissenhäuser Strand wartet mit kostenlosen Attraktionen wie Seenlandschaft, Hängebrücke und Minileuchtturm auf *(tgl. 9.30–20.30 Uhr).*
- Anhänger des Nordic Walking finden in Bad Malente-Gremsmühlen und Eutin ausgewiesene Routen zur freien Verfügung.

AM ABEND

Man trifft sich am Markt im urigen *Brauhaus Eutin* bei selbst gebrautem Bier oder im *Bacchuskeller*, einer gemütlichen Weinschänke. Im Kneipenrestaurant *Alte Mühle (Mühlenweg)* gibt's manchmal Livemusik.

AUSKUNFT

TOURISTINFO

Markt 19 | 23701 Eutin | Tel. 04521/709 70 | Fax 70 97 20 | www.eutin.de

HEILIGENHAFEN

[117 D3] **Von einem Idyll ist in dem früher verträumten Fischerort Heiligenhafen (9200 Ew.) nicht mehr viel zu spüren.** Heute ist er Hafenstadt mit einer der größten Hochseeangelflotten Europas und zwei bedeutenden Yachthäfen. Der weitläufige Ort mit großem Shoppingangebot zieht jedes Jahr Tausende von Gästen an. Er bietet einen großen Ferienpark mit 1700 Apartments, aber auch den lang gestreckten Nehrungsarm Graswarder mit Badestrand und Führungen durch das Naturschutzgebiet.

SEHENSWERTES

ALTSTADT MIT STADTKIRCHE

Die in ihrem Kern frühgotische Backsteinhallenkirche ist das älteste Gebäude von Heiligenhafen. Ihr zu Füßen liegt der *Alte Salzspeicher,* ein gut erhaltenes Fachwerkhaus aus dem Jahr 1587.

ESSEN & TRINKEN

WEBERHAUS

Klein, edel, gemütlich. Es wird regionale, bürgerliche Küche serviert. *Kirchenstr. 4 | Tel. 04362/2840 | €€*

WEINIGEL'S FÄHRHAUS Insider Tipp

Im Neubau zwischen Yachthafen und Fischereihafen werden erlesene Fischgerichte zubereitet. Angenehme Atmosphäre, schöne Außenterrasse. *Mo geschl. | Am Yachthafen 4b | Tel. 04362/76 36 | www.weinigels-faehrhaus.de | €€*

Feiner Sandstrand und bewaldete Steilküste prägen die Hohwachter Bucht

ÜBERNACHTEN

HOTEL STADT HAMBURG

Das historische Gasthaus von 1848 wurde innen vollständig renoviert. Gute Küche. *17 Zi. | Hafenstr. 17 | Tel. 04362/902 70 | Fax 58 36 | www.stadthamburg.com* | €€

FREIZEIT & SPORT

Im *Aktiv-Hus* im Ostseeferienpark reicht das Angebot von Bogenschießen über Beachvolleyball bis zur Kletterwand. Auch ein Schwimmbad mit Sauna und Wellnessabteilung, eine kleine Ladenpassage sowie einen Indoor-Spielplatz gibt es. *Tgl. 11–18 Uhr, in der Saison teilweise länger geöffnet | Tel. 04362/50 29 00*

AUSKUNFT

KURVERWALTUNG

Bergstr. 43 | 23774 Heiligenhafen | Tel. 04362/907 20 | Fax 39 38 | www.heiligenhafen.de

ZIEL IN DER UMGEBUNG

WALL-MUSEUM IN OLDENBURG [117 D4]

Der Oldenburger Wall (14 km von Heiligenhafen) ist eines der bedeutendsten archäologischen Denkmäler Schleswig-Holsteins. Zu sehen sind Reste der mächtigen Ringwallanlage der slawischen Fürstenburg Starigard *(Alte Burg)*. Das hervorragend gestaltete *Museum* informiert über die frühe slawische Besiedlung des Landstrichs und über die Entstehungsgeschichte des Walls. Auf dem Museumsgelände sind u. a. ein historisches Backhaus und das Wikingerschiff „Ratatoskr" zu besichtigen. *April–Okt. Di–So 10–17 Uhr | Professor-Struve-Weg | Eintritt 3,50 Euro | www.oldenburger-wall.de*

HOHWACHT

[116 B3] **Der ehemalige Fischerort (900 Ew.), landschaftlich reizvoll gelegen zwischen Ostsee und Großem Binnensee, hat sich zum touristischen Ziel gemausert, ohne dabei seinen ursprünglichen Charme aufzugeben.** Etwas Besonderes ist der 4 km lange Strand mit einer 20 m hohen bewaldeten Steilküste. Weithin sichtbar ist die Pylonkonstruktion am Hauptbadestrand (24 m). Sie trägt eine Plattform über dem Wasser, die „Hohwachter Flunder" heißt und für Veranstaltungen genutzt wird. Hohwacht ist umgeben von zwei Naturschutzgebieten. In der Nähe liegen zahlreiche Schlösser und Herrenhäuser. Ein Teil der Hohwachter Gegend gehört zum „Grafenwinkel", der ursprünglich um die 300 Adelssitze umfasste.

ESSEN & TRINKEN

HOTEL-RESTAURANT IMMENHOF

Holsteiner Spezialitäten in rustikal-gutbürgerlicher Atmosphäre. Sehr gute Fischküche. *Hotel mit 6 Zi. | Nixenweg 1 | Tel. 04381/71 81 | Fax 69 65 | www.immenhof-hohwacht.de | Hotel €, Restaurant €–€€*

SEASIDE LOUNGE

Restaurant und Café in einem urigen Holzhaus an der Promenade. Küche von deftig bis gehoben. Terrasse mit Strandkörben. *Tgl., Okt.–April Mo bis Mi geschl. | Seestr. 14 | Tel. 04381/41 48 60* | €–€€

ÜBERNACHTEN

HOTEL GENUESER SCHIFF

Insider Tipp

Das Haus in den Dünen ist nach einer Gedichtzeile von Friedrich Nietzsche benannt. Auch sonst gibt man sich kunstsinnig mit Malkursen und Krimiwochenenden, an denen die Gäste unter der Regie eines Mordmanagers den Täter ermitteln. Ein Hit ist das *Strandkorb-Café*, außerdem gibt es ein gutes Menürestaurant (€€€). *38 Zi. | Seestr. 18 | Tel. 04381/75 33 | Fax 58 02 | www.genueserschiff.de | €€€*

HOTEL HOHE WACHT

Erstes Haus am Platz mit Apartmentanlage, 100 m vom Strand. Gutes Restaurant (€€€). *80 Zi. | Ostseering/Am Kurpark | Tel. 04381/900 80 | Fax 90 08 88 | www.hohe-wacht.de | €€€*

AUSKUNFT

HOHWACHTER BUCHT TOURISTIK

Berliner Platz 1 | 24321 Hohwacht | Tel. 04381/905 50 | Fax 90 55 55 | www.hohwacht.de

ZIELE IN DER UMGEBUNG

HESSENSTEIN **[116 A3]**

Vom Aussichtsturm auf dem Pilsberg bei Panker (10 km) lohnt sich ein Abstecher zum urigen Restaurant und Bistro *Forsthaus Hessenstein (Tel. 04381/94 16 | Mai–Okt. Mo/Di geschl., Nov.–April Mo–Fr geschl. | €€–€€€).*

LÜTJENBURG **[116 B4]**

Rege Kleinstadt (5600 Ew., 6 km) mit schönem Marktplatz, um den sich die meisten historischen Häuser gruppieren, z.B. das *Färberhaus* von 1576. Sehenswert ist die *Michaelis-Kirche* (Insider Tipp) in Backsteingotik mit den Kapellen adliger Familien. Vom 18,5 m hohen *Bismarck-Turm* schöner Blick über die Stadt bis zum Meer. *Touristinfo am Markt | Tel. 04381/41 99 41 | Fax 41 99 43 | www.stadt-luetjenburg.de*

NESSENDORF **[116 B4]**

Großer Spaß für die ganze Familie: der *Eselpark* mit über 100 Tieren verschiedener Rassen (10 km). Jeden Samstag zwischen April und Juli gibt es einen Iah-Wettstreit. *März–Okt. tgl. 10–18, Jan.–Feb. Fr–So 11–17, Dez. Mi–So 11–18 Uhr | Eintritt 3,50 Euro | www.eselpark.de*

PANKER **[116 B3]**

Ein Juwel ist das Schloss Panker (7 km, nur Außenbesichtigung). Das dreiflügelige Schloss mit einem kleinen Barockgarten im französischen Stil ist im Besitz des Grafen Moritz von Hessen. Auf dem Gelände befinden sich eine Trakehnerzucht und schöne Geschäfte.

WEISSENHÄUSER STRAND **[116 C3]**

Seit 30 Jahren besteht das beliebte Ferienzentrum ohne Hochhäuser mit rund 4000 Betten in Apartments, Bungalows und einem Hotel (13 km). Erholung bieten das *Subtropische Badeparadies*, das ruhigere *Dünenbad*, der Wassererlebnispark *Columbus*, das Sport- und Spielcenter und die Restaurant- und Einkaufsmeile *Galeria*. 3 km langer Strand und Dünenlandschaft *(ganzjährig geöffnet | Tel. 04361/550 | Fax 55 27 20 | www.weissenhaeuserstrand.de).* Nicht versäumen sollten Sie einen Besuch im nahen *Schloss Weißenhaus (www.schloss-weissenhaus.de).* Ein rund halbstündiger Spaziergang auf dem Deich führt dorthin.

PLÖN

[115 F5] ★ **Plön (13 000 Ew.) wird von seinem eindrucksvollen Schloss dominiert.** Der dreiflügelige, weiße Bau auf dem Schlossberg grüßt den Besucher des Luftkurortes am Großen Plöner See (mit 32 km^2 der größte Schleswig-Holsteins) schon von weitem. Zu seinen Füßen gruppiert sich die winklige Altstadt mit typischen Twieten, vielen liebevoll restaurierten Häusern und Fachwerkbauten.

SEHENSWERTES

MUSEUM DES KREISES PLÖN

Interessante Exponate aus der Gegend sowie eine umfangreiche Glasabteilung mit Erzeugnissen der holsteinischen Hütten Ende des 17. Jhs. Schmuckstück ist die Hofapotheke (1840). *Johannisstr. 1 | Mai–Sept. Di–So 10–12, 14–17, Okt.–April Di bis Sa 14–17 Uhr | Eintritt 1,50 Euro*

PLÖNER SCHLOSS

Das wuchtige Gebäude im Stil der Spätrenaissance entstand 1633 bis 1636, als Plön Residenz der Herzöge Schleswig-Holstein-Sonderburg-Plön wurde. Später diente es dem dänischen König als Sommerresidenz, wurde 1867 preußische Kadettenanstalt, dann Internat, jetzt werden hier Optiker ausgebildet. Das Schloss ist nach Anmeldung kostenlos zu besichtigen *(Tel. 04522/80 10 | Mi/Do/ Sa/So 16.30-18.30 Uhr).*

PRINZENINSEL

Insider Tipp

Ein hübscher Weg führt vom Schlossgarten zur Prinzeninsel. Die 14,7 ha große Halbinsel erstreckt sich 2 km in den Großen Plöner See und ist Privateigentum des Hauses Hohenzollern. Auf der ehemaligen Hofstelle wurden die Söhne von Kaiser Wilhelm II. in Gartenbau und Landwirtschaft unterrichtet. Das Ge-

Vom See aus zeigt sich das Plöner Schloss wohl von seiner schönsten Seite

bäude dient heute als Gaststätte mit großem Garten *(Café-Restaurant Prinzeninsel | Tel. 04522/50 87 00 | Okt.–März Mo geschl. | €–€€)*. Die Prinzeninsel ist auch mit dem Schiff von Plön aus zu erreichen.

ESSEN & TRINKEN

FISCHERKATE

Rustikales Haus mit guten Fischgerichten. Spezialität: Maränen aus dem Großen Plöner See. *Tgl. | Am Seglerhafen | Tel. 04522/98 59 | €€*

RESTAURANT STOLZ

Im ehemaligen Plöner Pastorat servieren Christiane und Robert Stolz eine feine Küche mit Zutaten aus der Region. Terrasse mit Garten zum Großen Plöner See. Fünf stilvolle Gästezimmer. *Mo geschl., Di–Sa mittags geschl. | Markt 24 | Tel. 04522/503 20 | Fax 50 32 10 | www.restaurant-stolz.de | €€€*

ÜBERNACHTEN

FEGETASCHE

Kinderfreundliches Haus mit Ausflugsrestaurant bei der alten Zollstation. Ablegestelle der 5-Seen-Fahrt nach Bad Malente. *17 Zi. | Fegetasche 1 | Tel. 04522/90 51 | Fax 90 53 | www.fegetasche.de | €€*

LANDHAUS HOHE BUCHEN

Hotel garni, im eigenen Park. Einrichtung im italienischen Landhausstil. *8 Zi. | Lütjenburger Str. 34 | Tel. 04522/78 94 10 | Fax 78 94 28 | www.landhaus-hohebuchen.de | €€*

FREIZEIT & SPORT

GROSSE PLÖNER SEENRUNDFAHRT

Von *Mai–Sept.* verkehren die Ausflugsschiffe auf dem Großen Plöner See. *Bis zu acht Abfahrten tgl., Dauer ca. 2 Std. | Rundfahrt 8 Euro | nach Bosau (Fahrräder erlaubt) 6,50 Euro | www.grosseploenersee-rundfahrt.de*

> BÜCHER & FILME

Geschichten von Familien und Serienhelden

> **Buddenbrooks** – Der Roman (1901) von Thomas Mann ist ein Klassiker der Weltliteratur, brachte dem in Lübeck geborenen Schriftsteller den Literaturnobelpreis ein und wurde mehrfach verfilmt. Er erzählt vom Schicksal einer typisch hanseatischen Kaufmannsfamilie.

> **Agneta Willeken** – Andrea Schampier beschreibt in ihrem Roman, wie eine starke Frau in den politischen Wirren des 16. Jhs. zwischen Lübeck und Dänemark ihren Weg findet.

> **Der wilde Sommer** – Konrad Hansen, ehemaliger Intendant am Ohnsorg-Theater und Plattdeutschautor, erzählt in diesem Roman von seiner Kindheit in der Probstei.

> **Fernsehserien** – Die Ostseeküste ist als Drehort besonders für Fernsehserien sehr beliebt. Der berühmte „Landarzt" praktiziert an der Schlei, die „Küstenwache" patrouilliert an der Küste vor Neustadt.

> **Kinofilme** – Filme mit Ostseekulisse sind u. a. „Maria an Callas" mit Götz George (Regie: Petra Katharina Wagner, 2004) und „Sommer 04" mit Martina Gedeck (Regie: Stefan Krohmer, 2006).

AUSKUNFT

TOURISTINFO PLÖN

Bahnhofstr. 5 (im Bahnhof) | 24306 Plön | Tel. 04522/509 50 | Fax 50 95 20 | www. touristinfo-ploen.de

ZIELE IN DER UMGEBUNG

Insider Tipp **BOSAU** [116 A6]

Der kleine Ort Bosau (800 Ew., 11 km) auf einer Landzunge am südöstlichen Ufer des Großen Plöner Sees ist ein Idyll für sich. Bischof Vizelin christianisierte von hier aus Wagrien und errichtete 1152 die Feldsteinkirche *St. Petri*. Beachtenswert: Flügelaltar, Kanzel und Triumphkreuz (um 1475). Beliebt sind die Kirchenkonzerte *(Info Touristbüro: Tel. 04527/970 44)*. Man wohnt und isst gut im *Strauer's Hotel am See (40 Zi. | Gerolder Damm 2–6 | Tel. 04527/99 40 | Fax 99 41 11 | Rest. Mo-Abend geschl. | www. strauer.de* | Hotel €€€, Rest. €€*)*. Direkt am Bischofsee mit eigener Badestelle liegt das *Haus Schwanensee (21 Zi. | Plöner Str. 15–19 | Tel. 04527/997 00 | Fax 99 70 70 | €€ | www.schwanensee.com)*, empfehlenswerte Küche (*Nov. bis Ostern nur Sa/So* | €€).

PREETZ [115 E4]

In Preetz (15 000 Ew., 13 km) an der Schwentine hat sich ein großer Teil des alten Stadtbildes erhalten. Schöne Fachwerkhäuser sieht man v.a. in der *Kirchen-* und *Löptinerstraße* und *Kronsburg*. Rathaus im klassizistischen Stil. Kunsthistorische Kostbarkeit ist die ★ *Klosteranlage* aus dem 13. Jh., besonders die dreischiffige Backsteinbasilika. Im 19. Jh. war Preetz „Schusterstadt", fast alle Einwohner lebten von diesem Handwerk. In der *Holzschuhmacherei Hamann* gibt es eine kleine Ausstellung von historischem Werkzeug *(Wakendorfer Str. 17 | Mo–Sa 9–13 Uhr)*.

Das Triumphkreuz in St. Petri in Bosau

Einmalig in Westeuropa ist das *Circus-Museum* *(Mühlenstr. 14 | Sa 15–18, So/Fei 10–12 und 15–18 Uhr | Eintritt 2 Euro)*, das eine Fülle von Exponaten aus der bunten Welt des Zirkus zeigt. Ein familiär geführtes, landschaftlich reizvoll gelegenes Hotel mit guter Küche ist das *Flairhotel Neeth* in Dammdorf *(18 Zi. | Preetzer Str. 1–2 | Tel. 04342/823 74 | Fax 847 49 | www.neeth.de | €€, Restaurant €€). Touristinfo Preetz | Wakendorfer Str. 3 | 24211 Preetz | Tel. 04342/22 07 | Fax 56 98 | www. preetz-tourismus.de* Insider Tipp

> TRADITIONSBÄDER UND EINE BAUERNINSEL

Wie Perlen an einer Kette reihen sich die Ostseebäder entlang der Lübecker Bucht

> Vom Familienbad bis zum Nobelort findet man heute an der Küste zwischen der „Bauerninsel" Fehmarn im Norden und Lübeck-Travemünde im Süden eine breite Palette von Feriendestinationen für jeden Geschmack und jeden Geldbeutel.

Die Hansestadt Lübeck ist das wichtigste Städteziel für Kulturtouristen in Schleswig-Holstein. Die Altstadt, die auf der Liste der Weltkulturerbestätten der Unesco steht, ist schon mit ihren Baudenkmälern ein Erlebnis. Hinzu kommt eine äußerst lebendige Kunst-, Theater- und Kneipenszene. Lübecker Marzipan und das Holstentor als Wahrzeichen sind in aller Welt bekannt.

FEHMARN

[117 F2] ★ **Die einzige Ostseeinsel Schleswig-Holsteins gehört zu den sonnenreichsten und wetterbeständigsten Zielen in Deutschland (rund 2000 Sonnen-**

Bild: Lübecker Traveufer

LÜBECK UND DIE LÜBECKER BUCHT

stunden im Jahr). Das 185 km² große Fehmarn (14 000 Ew.) ist seit 1963 durch die Fehmarnsund-Brücke mit dem Festland verbunden. Von Puttgarden verkehren Fähren nach Dänemark (19 km). Fehmarn ist ein stolzes Bauernland mit riesigen Höfen, auf denen Urlaub auf dem Bauernhof angeboten wird. Sehr gute Campingplätze und das Ferienzentrum bei Burgtiefe mit großem Freizeitangebot mit feinsandigem Strand sind vor allem bei Familien beliebt. Die Inselhauptstadt Burg (5700 Ew.) zählt zu den schönsten Städten im Norden mit Backsteinbauten, alten Fachwerkhäusern, kopfsteingepflasterten Straßen und hübschen Geschäften.

SEHENSWERTES

LANDKIRCHEN

Die dreischiffige frühgotische Hallenkirche *St. Petri* besitzt einen Barockaltar und Votivschiffe, darunter einen Dreimaster aus Lübeck von 1617. Direkt gegenüber lädt in einer alten Fachwerkscheune *Dat oole Aalhus* zu Fischspezialitäten ein (*Tel. 04371/91 99* | €€).

LEMKENHAFEN

Der kleine Seglerhafen hat gleich zwei Attraktionen aufzuweisen: das *Mühlen- und Landwirtschaftsmuseum* in einer 1787 erbauten Segelwindmühle *(Juni–Okt. Do–Di 10–17 Uhr)* und die Aalkate. In der gemütlichen Kneipe verzehrt man den frisch geräucherten Fisch direkt aus der Hand und trinkt nach altem Brauch Schnaps und Bier aus der Flasche. *Tgl. 9–18, Mai–Sept. bis 21 Uhr, Anfang Jan.–Mitte März geschl.* | *Tel. 04372/532* | €

Insider Tipp

MEERESZENTRUM ★

Eines der größten Aquarien Europas mit einem 3-Mio.-Liter-Aquarium. Hinter einer 16 m breiten Panzerglasfront können Sie Haie und Schwarmfische beobachten. Auch ein Korallengarten ist in der tropischen Meerwasseranlage zu besichtigen. Ein Rifftunnel führt durch ein weiteres Aquarium mit 400000 l Wasser. *Ganzjährig tgl. ab 10, Juni–Aug. bis 19, Sept./Okt. u. März–Mai bis 18, Nov.–Feb. bis 16 Uhr* | *Eintritt 10 Euro* | *Burg* | *Gertrudenthaler Str. 12* | *www.meereszentrum-fehmarn.de*

MODELLBAHNAUSSTELLUNG/ SURFMUSEUM ▶▶

Durch einen Spielwarenladen erreicht man die Modellbahnanlage.

Zum Greifen nah erscheinen die großen und kleinen Fische im Meereszentrum Fehmarn

Auf über 1000 m^2 fahren ca. 100 Züge. Im Eintrittspreis enthalten ist der Besuch des kleinen *Surfmuseums* der Charchulla-Zwillinge. Die Brüder gehören zum Urgestein der Surferszene, sind als norddeutsche Originale auch darüber hinaus bekannt. *Tgl. 10–18 Uhr, im Sommer auch länger | Eintritt 6 Euro | Burg | Landkirchener Weg 46*

NATURSCHUTZGEBIETE

Naturfreunde sollten das *Wasservogelreservat Wallnau* im Westen der Insel erleben. Es ist Brutgebiet von bis zu 60 Vogelarten, rund 200 weitere Arten rasten hier. Der Naturschutzbund Deutschland (NABU) betreibt ein *Infozentrum* und veranstaltet Führungen *(März–Okt. tgl. 10–17 Uhr | Eintritt 6,50 Euro | Tel. 04372/10 02 | www.NABU-Wallnau.de)*. Weitere Naturschutzgebiete sind der *Grüne Brink* im Nordwesten und *Krummsteert/Sulsdorfer Wiek* im Südwesten der Insel. Landschaftsschutzgebiet und herrliches Terrain für Wanderungen ist die geologisch interessante meterhohe *Steilküste Katharinenhof/Staberhuk*.

ESSEN & TRINKEN

STEAK+FISCH-HUS

Beliebtes Restaurant mit guter Küche. Freundlicher Service, Kinderspielecke. *Tgl. | Burg | Landkirchener Weg 1a | Tel. 04371/90 19 | €€*

STÖRTEBEKER

Die perfekte Adresse für all diejenigen, die gerne mal richtig Fisch essen möchten. *Tgl. | Burg | Breite Str. 23 | Tel. 04371/87 91 11 | €*

EINKAUFEN

In der *Burg Galerie (Breite Str. 43)* können Sie u. a. Malerei, Schmuck und Glas anschauen und natürlich

MARCO POLO HIGHLIGHTS

★ Lübeck
Die Stadt ist Weltkulturerbe: Kirchen, Klöster, Backstein und Marzipan (Seite 75)

★ Fehmarn
Die sonnenreiche Insel ist ein Paradies nicht nur für Surfer und Radfahrer (Seite 68)

★ Ratzeburg
Mit dem Schiff von Lübeck zum Ratzeburger Dom (Seite 81)

★ Buddenbrookhaus
Im Lübecker Buddenbrookhaus lebt die große Literatur (Seite 75)

★ Cismar
Kunst im ehemaligen Benediktinerkloster (Seite 74)

★ Meereszentrum
Haie, ein Unterwassertunnel und ein tropischer Korallengarten sind die Attraktionen des Aquariums in Burg auf Fehmarn (Seite 70)

★ Timmendorfer Strand
Im Nobelort der Lübecker Bucht gilt sehen und gesehen werden (Seite 84)

★ Travemünde
Das Ostseebad mit Tradition blüht neu auf (Seite 87)

auch kaufen. In der *Inseltöpferei (Niendorfer Str. 12)* fertigt Inhaberin Christa Bänfer hübsche Gebrauchskeramik. Und die *Bernsteinhütte (Breite Str. 19)* bietet das „Gold der Ostsee“ in großer Auswahl an.

ÜBERNACHTEN

BURG-KLAUSE

Im Bauernhofstil eingerichtetes, familiär geführtes Haus mit guter Küche. *14 Zi. | Burg | Blieschendorfer Weg 1 | Tel. 04371/500 20 | Fax 17 35 | www.burg-klause.de* | €€

SCHÜTZENHOF

Ruhiges Hotel nahe dem Hafen Burgstaaken. *30 Zi. | Burg | Menzelweg 2 | Tel. 04371/500 80 | Fax 50 08 14 | www.hotel-restaurant-schuetzenhof.de* | €

STRANDHOTEL FEHMARN

Rustikal eingerichtetes Haus mit persönlicher Note in bester Lage zwischen Binnensee und Südstrand. Alle Zimmer mit Meerblick. *23 Zi. | Neue Tiefe | Am Binnensee 1 | Tel. 04371/31 42 | Fax 69 50 | www.strandhotel-fehmarn.de* | €–€€

FREIZEIT & SPORT

Fehmarn, platt wie eine Flunder, ist ideal zum Radfahren. Infos über Routen und Fahrradverleih gibt’s beim *Tourismus-Service Fehmarn*. Surfer finden geschützte Buchten und Windsurfingschulen. Segler schätzen die tollen Segelreviere rund um die Insel. Die wichtigsten Yachthäfen sind in Burgtiefe, Lemkenhafen und Orth. Auch tauchen kann man auf Fehmarn. Etwas für Mutige ist das Besteigen eines Silos in Burgstaaken *(www.siloclimbing.de)*. Insider Tipp

AM ABEND

Das Nachtleben spielt sich im Zentrum von *Burg* ab. Man trifft sich in *Mopsy's Bierbar*, in der *Subitu Cocktail-Bar (Bahnhofstr.)*, im *Filou (Orthstr.)* oder zum Tanzen in *Medley's Bierbar (Breite Str.)*. Eine Disko ist das *7th Dance* am Markt. Infos über geplante Partys unter *www.fehmarnparty.de*.

Radfahrers Paradies: Fehmarn ist flach und bietet ein weites Netz an Radfahrwegen

AUSKUNFT

TOURISMUS-SERVICE FEHMARN

Südstrandpromenade 1 | 23769 Fehmarn/Burgtiefe | Tel. 04371/50 63 00 und *Landkirchener Weg 46 | 23769 Fehmarn/Burg | Tel. 04371/86 86 86 | Fax 50 63 90 | www.fehmarn-info.de*

ZIEL IN DER UMGEBUNG

GROSSENBRODE [117 E3]

Das Ostseebad entstand erst nach Eröffnung der Vogelfluglinie 1963. Das Familienbad mit 1,5 km langem Südstrand und einem Yachthafen hat sein Stammpublikum. Empfehlenswert ist die Küche im *Alten Krug | Schmiedestr. 13 | Tel. 04367/394 |* €€

GRÖMITZ

[117 D5] **Grömitz (7500 Ew.) ist eines der ältesten und größten deutschen Ostseebäder mit 8 km langem Sandstrand.** Von seinen bescheidenen Anfängen 1813 hat es sich zum lebhaften Urlaubsort gemausert. Die 3,5 km lange Grömitzer Kurpromenade mit Cafés, Boutiquen, Restaurants und dem Kurmittelhaus beginnt am Yachthafen (800 Liegeplätze) und endet am Naturstrandgebiet Lensterstrand (Camping, FKK). Ein Spaß für Kinder ist der *Rasende Benno*, die Strandeisenbahn. Im kleinen Zoo *Arche Noah* sind die Liger (Kreuzung zwischen Löwe und Tiger) die Stars. *Mühlenstr. 32 | April–Okt. 9–18 Uhr, Nov.–März bis Einbruch der Dunkelheit | Eintritt 6 Euro | www.zoo-arche-noah.de*

ESSEN & TRINKEN

Insider Tipp **KÖPPS**

Regionale saisonale Küche mit Pfiff servieren Frank Köpp und seine Frau den Gästen im Restaurant und Café mit Blick auf die Ostsee. *Juni–Sept. Di geschl., Okt.–Mai nur Fr–So geöffnet | Uferstr. 18 | Tel. 04562/22 38 22 |* €€€

BISTRORANT SCAMPI

„Man“ trifft sich im Bistro an der Strandpromenade. *Tgl. | Tel. 04562/81 92 |* €–€€

WAPPEN VON HAMBURG

Die urig-maritime Einrichtung passt zur schmackhaften norddeutschen Küche. *Mo geschl. | Strandallee 3 | Tel. 04562/80 19 |* €€€

ÜBERNACHTEN

HOTEL PINGUIN

Familiär geführtes Haus nahe dem Kurpark. Sehr gute Küche im Restaurant *La Maree* (€€€). *22 Zi. | Christian-Westphal-Str. 52 | Tel. 04562/98 27 | Fax 22 07 33 |* €€

HOTEL SEEMÖWE

1910 erbautes Haus mit modernem Komfort. *11 Zi. | Fischerstr. 3 | Tel. 04562/25 53 90 | Fax 25 53 89 | www.seemoewe.de |* €€€

FREIZEIT & SPORT

Hier ist für jeden etwas dabei: Wasserski, Tauchen, Angeln, Segeln, Tennis, Minigolf, Surfen, Golfen, Erlebnismeerwasserbrandungsbad *Grömitzer Welle*, Sauna und Wellness *(www.groemitzer-welle.de)*. Vorschläge für Wanderungen, Rad- und Reittouren beim Tourismus-Service.

AM ABEND

Alle Altersgruppen treffen sich in der *Tanzbar Oase (Kurpromenade 56).*

Gehobeneres Publikum besucht das *Tanzlokal Insel (Seebrückenvorplatz).*

AUSKUNFT

TOURISMUS-SERVICE

Kurpromenade | 23743 Grömitz | Tel. 04562/25 60 58 | Fax 25 62 46 | www.groemitz.de

ZIELE IN DER UMGEBUNG

CISMAR ★ **[117 D5]**

5 km nördlich von Grömitz liegt Cismar. Im Mittelpunkt des Ortes steht das ehemalige *Benediktinerkloster* aus dem 13. Jh. Die Klosterkirche ist berühmt wegen ihres geschnitzten Flügelaltars und der guten Akustik (Konzerte). Auch mit hochkarätigen Kunstausstellungen hat sich Kloster Cismar, eine Außenstelle der Landesmuseen Schloss Gottorf, einen Namen gemacht *(März–Nov. Di–So 10 bis 17 Uhr | Eintritt 3 Euro).* Galerien, Töpfereien und Handwerker verleihen dem Ort das Flair eines Künstlerdorfs. Im *Haus der Natur* kann man u. a. eine der größten privaten Schnecken- und Muschelsammlungen der Welt bestaunen *(Bäderstr. 26 | www.hausdernatur.de | tgl. 10–19 Uhr | Eintritt 2,50 Euro).*

DAHME **[117 E4]**

Das Ostseeheilbad Dahme (1150 Ew., 14 km) mit seinem 6 km langen feinsandigen Strand ist ein typisches Familienbad mit vielen Campingplätzen. Außerdem: Seebrücke, Kurmittelhaus, Meerwasser-Hallenschwimmbad mit Außenbecken, Surfschule. *Kurbetrieb Dahme | Strandpromenade 15 | Tel. 04364/492 00 | Fax 49 20 28 | www.dahme.com*

GRUBE **[117 D4]**

Der eigentliche Ort liegt 3 km landeinwärts zwischen Dahme und Kellenhusen (14 km). Am Rosenfelder Strand, einem schönen Naturstrand, sind auch Hundebesitzer und FKK-Anhänger willkommen (keine Kurtaxe). 2 km nördlich von Grube zweigt eine landschaftlich schöne Nebenstraße nach *Siggen* und *Löhrstorf* ab, in beiden Dörfern gibt es prächtige Gutsanlagen.

HARMSDORF **[116 C4]**

In Harmsdorf (17 km) bei Lensahn (Autobahnabfahrt) steht eine 350 Jahre alte reetgedeckte *Räucherkate: Braasch's Schinkenräucherei.* Zu Hunderten hängen die Schinken dort zur Reifung an der Decke. *Mo–Fr 9 bis 18, Sa 9–13, Jan.–März Mo–Fr 9–17, Sa 9–12 Uhr | www.schinken-braasch.de*

Insider Tipp

KELLENHUSEN **[117 E5]**

Das ehemalige Fischerdorf (1100 Ew., 8 km) hat sich zum attraktiven Ostseeheilbad entwickelt und ist besonders bei Familien beliebt. Auf der geschwungenen *Promenade* wird das Flanieren zum Erlebnis. Etwas Besonderes ist auch die 2006 eröffnete *Seebrücke* mit überdachter Aussichtsplattform und Badestationen. Der *Kellenhusener Forst* ist mit seinen 572 ha das größte zusammenhängende Waldgebiet an der Ostseeküste, berühmt für seine mächtigen alten Eichen (Waldlehrpfad). Ein freundliches italienisches Restaurant im Ortszentrum ist *Al Giardino da Toni (Waldstr. 5 | Tel. 04364/17 59 | €€).* Gute Küche und 33 Zimmer bietet zentral und in Strandnähe das familiär geführte *Hotel Erholung (Strandstr. 1 | Tel. 04364/47 09 60 | Fax 470 96 70 | www.hotel-erholung.de | €€). Auskunft: Tourismus-Service Kellenhusen | Strandpromenade 15 | Tel. 04364/497 50 | Fax 49 75 22 | www.kellenhusen.de*

Gut beschützt werden die Gäste von der Strandwacht in Kellenhusen

LÜBECK

KARTE IN DER HINTEREN UMSCHLAGKLAPPE

[119 D3] ★ **Die „Königin der Hanse" ist in ihrer Art ein einzigartiges kulturhistorisches Dokument und die unbestrittene kulturelle Hauptstadt Schleswig-Holsteins.** Das Zentrum der alten Hansestadt Lübeck (214 000 Ew.) mit seinen Kirchen, Klöstern, Stiftshöfen, schmalen Gängen, Backsteinbauten und Bürgerhäusern wurde 1987 von der Unesco in die Liste des Weltkulturerbes aufgenommen. Obwohl 1942 bei einem Luftangriff fast ein Fünftel der historischen Gebäude Lübecks zerstört wurde, blieben mehr Bauwerke aus dem 13. bis 15. Jh. erhalten als in allen anderen norddeutschen Großstädten zusammen. Lübecks vom Wasser umgebene – zum Teil autofreie – Altstadt sollten Sie am besten zu Fuß und mit ausreichend Zeit entdecken.

SEHENSWERTES

BEHNHAUS/DRÄGERHAUS [U F3]

Das prachtvolle klassizistische Gebäude des *Behnhauses* zeigt Kunst und Kultur des 19. und 20. Jhs. Im benachbarten *Drägerhaus* präsentiert sich Kunst- und Kulturgeschichte des städtischen Lebens von 1750 bis 1914. Internationale zeitgenössische Kunst stellt die *Overbeck-Gesellschaft* in ihrem Pavillon hinter dem Behnhaus aus. *Königstr. 9–11 | April–Dez. Di–So 10–17, Jan.–März Di–So 11–17 Uhr | Eintritt 5 Euro*

BUDDENBROOKHAUS ★ [U E3]

Das 1758 erbaute Giebelhaus war zeitweilig im Besitz der Familie

Mann. Heute ist es Literaturmuseum und Forschungsstätte auf fünf Etagen, zwei Räume sind als „begehbarer Roman" eingerichtet. Neben ständigen Ausstellungen ergänzen literarische und kulturelle Veranstaltungen das interessante Programm. *April bis Dez. tgl. 10–18, Jan.–März 10–17 Uhr | Eintritt 5 Euro | Mengstr. 4 | www.buddenbrookhaus.de*

BURGKLOSTER [U F2]

Das 1229 gegründete Burgkloster ist die bedeutendste mittelalterliche Klosteranlage Norddeutschlands. Es ist heute Kulturforum mit wechselnden Ausstellungen. In den Gewölben werden der Münzschatz eines Kaufmanns zur Hansezeit und typische Handelswaren gezeigt. Das *Archäologiemuseum* präsentiert teils einmalige Fundstücke aus allen Epochen der 5000 Jahre währenden Siedlungsgeschichte. *April–Dez. Di–So 10–17, Jan.–März Di–So 11–17 Uhr | Hinter der Burg 2–4 | Eintritt 5 Euro*

DOM [U E4]

1173 legte Heinrich der Löwe den Grundstein für den Lübecker Dom. Das Triumphkreuz (1477) mit geschnitzten Figuren stammt vom größten Lübecker Bildhauer Bernt Notke. *April–Okt. tgl. 10–18, Nov. bis März 10–16 Uhr | Eintritt frei*

GÜNTER-GRASS-HAUS [U F3]

Der Wahl-Lübecker Günter Grass ist nicht nur Nobelpreisträger für Literatur, sondern auch Bildhauer, Maler und Grafiker. Und so rückt das Günter-Grass-Haus in Ausstellungen und Veranstaltungen den bildenden Künstler in den Mittelpunkt. *April bis Dez. tgl. 10–17, Jan.–März Di–So 11–17 Uhr | Eintritt 5 Euro | Glockengießerstr. 21 | www.guenter-grass-haus.de*

HEILIGEN-GEIST-HOSPITAL [U F3]

Unbedingt hineinschauen sollte man in das markante Backsteingebäude. Es wurde 1280 von Lübecker Kaufleuten für Kranke gestiftet und ist noch heute Altersheim. In der frühgotischen Eingangshalle befinden sich bedeutende Wandmalereien. *Di bis So 10–17 Uhr | Am Koberg*

HOLSTENTOR [U E4]

Das wuchtige Bauwerk aus dem 15. Jh., das Wahrzeichen Lübecks, dient als Museum der Stadtgeschichte (multimediale Präsentatio-

> GANGHÄUSER IN LÜBECK

Auf den Spuren der Vergangenheit

Während der Zeit des wirtschaftlichen Aufschwungs Lübecks im 13. Jh. benötigte man Wohnraum für die sich ansiedelnden Arbeiter. Da die Stadt von Mauern und Wasser umgeben, der Platz entsprechend begrenzt war, schlug man zum rückwärtigen Hofbereich schmale Gänge in die Giebelhäuser und setzte auf das hintere Grundstück Wohnbuden, in denen die Arbeiter mit ihren Familien hausen mussten. Heute verbergen sich in diesen Gängen idyllische Wohnquartiere, von denen die meisten für Besucher zugänglich sind.

Denkmalgeschützt: In der Großen Petersgrube stehen die für Lübeck typischen Giebelhäuser

nen, Stadtmodelle). *Holstentorplatz | April–Dez. tgl. 10–18, Jan. bis März Di–So 11–17 Uhr | Eintritt 5 Euro*

MARIENKIRCHE (ST. MARIEN) [U E3]

Vorbild der gotischen Backsteinkirchen im Ostseeraum. Astronomische Uhr. Die große Orgel ist eine der größten mechanischen Orgeln der Welt (Konzerte). Ein Erlebnis sind die Gewölbeführungen, bei denen man der Kathedrale über gewundene Treppen und Wege „aufs Dach steigt" *(April–Dez. Sa 15.15 und letzter Sa im Monat 20.30, Juni–Sept. auch Mi 15.15 Uhr | 4 Euro | Tel. 0451/773 91 | www.kirchenkreis-luebeck.de). Besichtigung: April–Sept. tgl. 10–18, Okt.–März 10–16 Uhr*

Insider Tipp

PETRIKIRCHE [U E4]

Von der 50 m hohen Aussichtsplattform im Turm (Fahrstuhl!) hat man einen herrlichen Blick weit über die Stadt. Im gotischen Kirchenraum finden Lesungen, Konzerte, Ausstellungen statt. *Turmauffahrt März–Dez. tgl. 9–19 Uhr | Eintritt 2,50 Euro | Petrikirchhof*

Insider Tipp

RATHAUS [U E4]

Eines der schönsten und ältesten Rathäuser Deutschlands (13.–16. Jh.) vereinigt mehrere Stilepochen von der Gotik bis zur Renaissance. *Markt*

ST.-ANNEN-MUSEUM UND KUNSTHALLE [U F4]

Das ehemalige Kloster, Anfang des 16. Jhs. für Augustinerinnen errichtet, beherbergt in seinen spätgotischen Räumen die bedeutendsten Kunstschätze aus Lübecks mittelalterlicher Blütezeit. Die auf den Grundmauern der ehemaligen Klosterkirche errichtete Kunsthalle wird für ihre interessante Architektur hoch gelobt. Gezeigt wird Kunst nach 1945. *St.-Annen-Str. 15 | April–Dez. Di–So 10–17, Jan.–März Di–So 11–17 Uhr | Eintritt 5 Euro*

ST. KATHARINEN [U F3]
Hochgotische Ausmalungen. Figurenzyklus u. a. von Ernst Barlach. Sonderausstellungen. *Königstr. | April–Sept. Di–So 10–17 Uhr*

SCHIFFSFAHRTEN [U E3]
Zur Einstimmung auf Lübeck empfiehlt sich eine Stadt- oder Hafenrundfahrt *(Abfahrten mehrmals tgl. vom Holstenhafen und ab Ponton Wallhalbinsel | 6 Euro)*. Weiter hinaus aufs Meer geht es mit einem Insider Tipp Traditionssegler von der Untertrave (Liegeplatz gegenüber Musik- und Kongresshalle). *Verein Museumshafen Lübeck | Tel. 0451/122 75 50 | www.museumshafen-luebeck.org*

STADTFÜHRUNGEN [U E3]
Karten und Anmeldung in der Tourismus-Zentrale *(Treffpunkt Welcome Center am Holstentor | April–Okt., Dez. Mo–Sa 14, So 11, Nov., Jan.–März Sa 14, So 11 Uhr | 6 Euro | Tel. 01805/88 22 33)*. Auch individuelle Stadtführungen können bestellt werden *(Tel. 0451/409 19 50)*.

THEATERFIGUREN-MUSEUM/ THEATER [U E4]
In einer Altstadtgasse verbirgt sich eine der größten Sammlungen der Welt von Theaterfiguren und Drehorgeln *(Kolk 16 | Fr–Mi 11–18 Uhr | Eintritt 4 Euro | www.tfm-luebeck.com)*. Nebenan im *Figurentheater* gibt es Puppenspiel für Kinder und Erwachsene. *Mo geschl. | Tel. 0451/700 60*

WILLY-BRANDT-HAUS [U F3]
Ausstellung zu Leben und Wirken des in Lübeck geborenen Politikers und Friedensnobelpreisträgers. *Königstr. 21 | tgl. 10–18 Uhr | Eintritt frei | www.willy-brandt-luebeck.de*

ESSEN & TRINKEN

HIERONYMUS [U F4]
Auf drei Etagen werden in der ehemaligen Schmiede üppige Portionen serviert. An den Wänden Motive aus den berühmten Bildern des mittelalterlichen Malers Hieronymus Bosch. *Tgl. | Fleischhauerstr. 81 | Tel. 0451/706 30 17 | www.hieronymus-restaurant.de* | €

MARKGRAF [U E3] Insider Tipp
Küchenchef Volker Brand bereichert die neue deutsche Küche gern um mediterrane oder asiatische Zutaten. Im herrlichen Ambiente eines mehr als 650 Jahre alten Kaufmannshauses (Hofgarten) speist man vorzüglich, reservieren! *Mo/Di geschl. | Fischergrube 18 | Tel. 0451/706 03 43* | €€€

SCHIFFERGESELLSCHAFT [U E3]
1535 als Versammlungshaus der Schiffer erbaut und mit Kunstschätzen aus der Seefahrt ausgestattet. Traditionsrestaurant. *Tgl. | Breite Str. 2 | Tel. 0451/767 76 | www.schiffergesellschaft.de* | €€

WULLENWEVER [U E3]
In einem 400 Jahre alten Kaufmannshaus genießt man in stilvoller Atmosphäre feine, leichte Gourmetküche. Im Sommer auch Tische im Innenhof. Reservieren. *So/Mo geschl. | Beckergrube 71 | Tel. 0451/70 43 33 | www.wullenwever.de* | €€€

Insider Tipp **YAM YAM** [U D4]

Die asiatischen Gerichte werden über offenem Feuer zubereitet. *Mi-/So-Mittag geschl. | Konrad-Adenauer-Str. 3 (gegenüber Hbf.) | Tel. 0451/ 847 32* | €

EINKAUFEN

Lübecks Haupteinkaufszentrum ist die Fußgängerzone der *Breiten Straße* mit dem berühmten *Café Niederegger* (Marzipanspezialitäten), die Gegend um den *Kohlmarkt* sowie die *König-* und *Sandstraße*. Interessanter sind die kleineren Straßen der Altstadt, wie z. B. Insider Tipp die lebhafte Hüxstraße. Hier finden sich Secondhand-Boutiquen neben Edelrestaurants. Dass Lübeck eine rege Kunstszene hat, zeigt sich auch an den vielen Galerien in der Innenstadt.

ÜBERNACHTEN

KAISERHOF [U F5]

Kleines Grandhotel in Altstadtnähe. Sauna und Hallenbad. *60 Zi. | Kronsforder Allee 11–13 | Tel. 0451/ 70 33 01 | Fax 79 50 83 | www.kaiserhof-luebeck.de* | €€€

KLASSIK ALTSTADT HOTEL [U E3]

Hübsches Hotel in der Altstadt, wendet sich speziell an Kulturtouristen. *28 Zi. | Fischergrube 52 | Tel. 0451/ 70 29 80 | Fax 737 78 | www.klassik-altstadt-hotel.de* | €€€

RUCKSACKHOTEL [U F3]

Moderne, einfache Zimmer im Öko- und Kulturzentrum Werkhof zwischen Altstadtinsel und Kanal. *28 Betten in Doppel- und Mehrbettzi. | Kanalstr. 70 | Tel./Fax 0451/70 68 92 | www.rucksackhotel-luebeck.de* | €

AM ABEND

In der Altstadt gibt es viele Kneipen und Clubs. Zentren sind die *Mühlen-, Fleischhauer-, Hüx-* und *Dr.-Julius-Leber-Straße* sowie die *Engelsgrube*. Die 1994 gebaute Musik- und Kongresshalle besitzt einen für seine Akustik hochgelobten Konzertsaal, im Foyer treten Pop- und Comedygrößen auf. Im ▸▸ *Werkhof (Kanalstr. 70)* trifft sich die alternative Szene zu Kneipe, Kabarett und Konzerten.

Traditionshaus: die Schiffergesellschaft

Insider Tipp

IM ALTEN ZOLLN ▶▶ [U E4]

Die beliebte Bierkneipe mit deftiger Küche ist Treffpunkt für Studenten und ältere Semester. Oft Livemusik und Lesungen meist bei freiem Eintritt. *Mühlenstr. 93*

DISKOTHEKEN

Bis zum Morgen geht's rund im *Parkhaus (Hüxterdamm Ecke Kanalstr.)* und in der Großdisko *A1* an der *Lohmühle*. Die Generation Ü30 zieht es eher ins *Sounds (An der Untertrave 81–83)*.

DR. JAZZ ▶▶ [U F2]

Jazzkneipe mit Livemusik. Manchmal finden hier auch Gastspiele bekannter Solisten oder Gruppen statt. *An der Untertrave 1*

THEATER COMBINALE [U F4]

Kleines Theater im Hinterhof. Auf dem Spielplan stehen sowohl Eigenproduktionen als auch Gastspiele. *Hüxstr. 115 | Tel. 0451/788 17*

AUSKUNFT

LÜBECK UND TRAVEMÜNDE MARKETING GMBH [U E4]

Welcome Center am Holstentor | Tel. 01805/88 22 33 | www.luebeck-tourismus.de

LÜBECKER VERKEHRSVEREIN [U D4]

Konrad-Adenauer-Str. 6 (Nähe Hbf., Linden Arcaden) | 23558 Lübeck | Tel. 0451/723 00 | Fax 70 48 90 | www.luebecker-verkehrsverein.de

ZIELE IN DER UMGEBUNG

GOTHMUND [119 D3]

Das alte Fischerdorf Gothmund an der Trave (4 km) versteckt sich am Rande der Schellbruchwiesen. In dem idyllischen Ort mit geduckten Reetdachhäusern, gepflegten Vorgärten und bunten Kuttern leben noch heute einige Familien vom Fischfang. Gothmund ist autofrei und steht teilweise unter Denkmalschutz. *Im Sommerhalbjahr werden Kutterfahrten angeboten | Tel. 0451/50 14 82*

Maritimes Stillleben: Die Boote der Fischer von Gothmund sind ein beliebtes Fotomotiv

RATZEBURG ★ [119 E5]

Von *März–Nov.* verkehren auf der Wakenitz ab *Lübeck-Moltkebrücke* Ausflugsschiffe bis zum *Ratzeburger See* (romantische Flussfahrt) und weiter nach *Ratzeburg* (14 000 Ew., 24 km). Umsteigen oder sich zwischendurch stärken können Sie in *Rothenhusen*. Der Ratzeburger *Dom* aus dem 13. Jh. gehört zu Norddeutschlands ältesten romanischen Backsteinbauten. Gleich daneben steht das barocke Herrenhaus der mecklenburgischen Herzöge, heute *Kreismuseum*. Prunkvoll ist der Rokokosaal im ersten Stock *(Di–So 10 bis 13 und 14–17 Uhr | Domhof 12 | Eintritt 1,50 Euro)*. Nicht versäumen: das *Ernst-Barlach-Museum (neben der St.-Petri-Kirche | Di–So 11–17 Uhr | Eintritt 5 Euro)* mit Plastiken, Lithografien und Holzschnitten des Künstlers. Ein familienfreundliches Haus mit persönlicher Atmosphäre im idyllischen Domviertel ist das *Wittler's Hotel (30 Zi. | Große Kreuzstr. 11 | Tel. 04541/32 04 | Fax 38 15 | www.wittlers-hotel.de | €€–€€€)*. *Auskunft: Ratzeburg-Information | Unter den Linden 1 (im Rathaus) | 23909 Ratzeburg | Tel. 04541/85 85 65 | Fax 53 27 | www.ratzeburg.de*

Insider Tipp

NEUSTADT

[117 C6] **Am Hafen zeigt sich Neustadt (16 000 Ew.) von seiner schönsten Seite. Fischer-, Sport- und Marineboote drängen sich vor malerischer Kulisse.** Markant ist der alte Kornspeicher, der seines gestuften Daches wegen auch *Pagodenspeicher* genannt wird. Neustadt war schon vor 700 Jahren Hafenstadt und sein wichtigstes Ausfuhrgut Getreide. Mit den nahen Bädern *Pelzerhaken* und *Rettin* bildet Neustadt eine Fremdenverkehrsgemeinschaft. Viele Campingplätze, ein schöner FKK-Naturstrand und romantische Steilküsten prägen das Bild. Das bäuerliche Hinterland eignet sich gut für Spaziergänge.

SEHENSWERTES

HOSPITAL ZUM HEILIGEN GEIST

1344 von der Stadt gegründet zur Aufnahme kranker und gebrechlicher Pilger auf dem Weg zum Kloster Cismar. Heute Wohnstätte mit 23 Wohnungen für ältere Mitbürger.

MUSEUM CAP ARCONA

Am 3. Mai 1945 ereignete sich in der Neustädter Bucht durch die irrtümliche Bombardierung dreier Schiffe mit KZ-Häftlingen an Bord eine der größten Schiffskatastrophen der deutschen Gegenwart. Mehr als 7000 Menschen verloren ihr Leben. Ein Museum im östlichen Anbau an das historische Kremper Tor erinnert daran. *Geöffnet wie Ostholstein-Museum*

OSTHOLSTEIN-MUSEUM

Das Museum im *Kremper Tor* stellt v. a. Gegenstände zur Vor- und Frühgeschichte Ostholsteins aus. *Kremper Tor | April/Mai/Sept./Okt. Di–Sa 15–17, So auch 10–12, Juni–Aug. Di–So 10–12 und 15–17 Uhr | Eintritt 1,50 Euro | www.ohmuseum.de*

STADTKIRCHE

Die frühgotische Stadtkirche besitzt einen Altar, der ursprünglich für den Schleswiger Dom bestimmt war. Innenmalerei von 1350.

ESSEN & TRINKEN

HOFANLAGE MARIENHOF

Im ehemaligen Kuhstall des bis 1985 landwirtschaftlich genutzten Hofes (Nähe Kremper Tor) wird leichte Holsteiner Küche serviert. Große Weinkarte. Mit auf dem Gutsgelände: Café, Antikhandel, Bauernmarkt. *Tgl.* | *Rosengarten 50* | *Tel. 04561/160 10* | *www.hofanlage-marienhof.de* | €€–€€€

STRANDDISTEL

Gemütliches Restaurant und Café mit Ostseeblick. Besonders schön: Fangfrischen Fisch und Kuchen aus eigener Konditorei können Sie direkt im Strandkorb genießen. *Tgl.* | *Strandallee 14 (Pelzerhaken)* | *Tel. 04561/712 42* | €

ÜBERNACHTEN

EICHENHAIN

Modernes Hotel (mit Wellnessbereich und Park) am Strand von Pelzerhaken, gute Küche. Auch Apartments. *27 Zi.* | *Eichenhain 2* | *Tel. 04561/537 30* | *Fax 53 73 73* | *www.Eichenhain.de* | €€€

HOTEL WALLBURG

Ruhig gelegen auf dem Hochufer am Neustädter Hafen. Terrasse. *13 Zi.* | *Am Heisterbusch 4* | *Tel. 04561/512 20* | *Fax 51 22 22* | *www.wallburg.de* | €€€

FREIZEIT & SPORT

SCHIFFSAUSFLÜGE

Von der Seebrücke in Pelzerhaken starten in der Saison regelmäßig Ausflugsschiffe zu den Bädern in der Lübecker Bucht und Mecklenburg-Vorpommern.

AUSKUNFT

TOURISMUS-SERVICE

Dünenweg 7, im Ortsteil Pelzerhaken | *23730 Neustadt i. H.* | *Tel. 04561/70 11* | *Fax 70 13; Touristinfo in Neustadt* | *Am Markt 1* | *Tel. 04561/61 95 56* | *www.neustadt-holstein.de*

>LOW BUDGET

- Ihr berühmtes Marzipan gibt die Firma Niederegger in Lübeck zwar nicht zum Nulltarif ab. Der Besuch des interessanten Museums in der Breiten Straße ist jedoch kostenlos.
- In Burgtiefe auf der Insel Fehmarn können Sie die eindrucksvolle Burgruine Glambek, 1210 vom Dänenkönig Waldemar II. errichtet, ohne Eintritt besichtigen.
- Im Ostseebad Dahme gibt es kostenlose Nordic-Walking-Schnupperkurse inklusive Stockverleih. Infos unter: *www.dahme.com*

SCHARBEUTZ-HAFFKRUG

[119 D1] **Die Ferienregion Scharbeutz, Haffkrug und Pönitzer Seenplatte (12 000 Ew.) vereint das grüne Binnenland der Holsteinischen Schweiz mit einem Strand, der zu den schönsten der Ostsee zählt.** 6 km ist er lang, steinlos und flach abfallend. Scharbeutz zeigt sich als moderner Küstenort mit einer zur Fußgängerzone umgestalteten Promenade und anspruchsvollen Freizeiteinrichtungen. Haffkrug präsentiert sich im positiven Sinne ruhig und familiär.

ESSEN & TRINKEN

RISTORANTE BAREBICA

Beliebtes Restaurant mit Terrasse; italienische Küche. *Tgl. | Strandallee 116 | Tel. 04503/733 31* | €€

Insider Tipp

BRECHTMANN

Dieser hübsche Landgasthof *(6 Zi. | www.brechtmann.de | €–€€)* in Schürsdorf, das 4 km entfernt liegt, ist spezialisiert auf Entengerichte. *Di geschl. | Tel. 04524/99 52* | €€

Insider Tipp

BISTRO ZUM KRABBENFISCHER

Gourmettreff zum Sehen und Gesehenwerden. Kleine Gerichte und Salate rund um den Fisch. *Tgl. | Strandallee 138 | Tel. 04503/70 01 23* | €€

ÜBERNACHTEN

PETERSEN'S LANDHAUS

Modernes, behagliches Hotel im Zentrum von Scharbeutz. Schwimmbad. *17 Zi. | Seestr. 56a | Tel. 04503/355 10 | Fax 35 51 15 | www.petersens-landhaus.de* | €€

TURMHOTEL OLIVER

Freundliches, modernes Haus am Kurpark. *14 Zi./Ap. | Möwenberg 1 | Tel. 04503/88 89 00 | Fax 88 89 33 | www.turmhotel-oliver.de* | €€–€€€

WENNHOF

Etabliertes Hotel mit beliebtem Restaurant im rustikalen Landhausstil. *28 Zi. | Seestr. 62 | Tel. 04503/352 80 | Fax 35 28 48 | www.hotel-wennhof.de* | €€

Wasser, Wärme, Wellness erwarten Sie auf 18 000 m² in der Ostsee-Therme Scharbeutz

FREIZEIT & SPORT

Die *Ostsee-Therme Scharbeutz*, eine Bade- und Freizeitanlage, liegt am Ortsausgang von Timmendorfer Strand. Geboten wird alles für Sport und Wellness: Saunalandschaft, Vitalbecken, Außenanlagen, Fitnesscenter *(Tel. 04503/352 60 | www.ostsee-therme.de | Eintritt Tageskarte 18 Euro | tgl. 10–23 Uhr).*

AM ABEND

Die *Seebrücken* in Scharbeutz und Haffkrug sind nicht nur Anlegestellen für Ausflugsschiffe, sondern auch Treffpunkt am Abend. Auf der *Ostsee-Tribüne* in Scharbeutz finden Sportveranstaltungen und Konzerte statt. Außerdem hat Scharbeutz – heute nicht mehr selbstverständlich – ein Kino. Wer es lebhafter haben möchte, macht einen Spaziergang ins benachbarte Timmendorfer Strand.

Spaß und Abenteuer im Hansa-Park

AUSKUNFT

TOURISMUS-SERVICE

Bahnhofstr. 2 | 23683 Scharbeutz | Tel. 04503/77 09 64 | Fax 721 22 | www.scharbeutz.de

ZIELE IN DER UMGEBUNG

PÖNITZER SEE [119 D1]

Etwa 5 km landeinwärts von Scharbeutz liegt das schöne Erholungsgebiet Pönitzer Seenplatte mit den Orten *Klingberg, Kronenberg* und *Pönitz am See* (Seebadeanstalt).

SIERKSDORF/HANSA-PARK [119 D1]

Das kleine Ostseebad Sierksdorf, 2 km von Haffkrug entfernt, besitzt einen flachen, familiengerechten Strand, der sich auch prima zum Surfen eignet (Surfschule). Vom Ort selbst nicht zu sehen sind die Hochhäuser des *Ferienparks Sierksdorf,* einer Apartmentanlage direkt am Strand. In unmittelbarer Nähe die Attraktion des Ortes: der *Hansa-Park* (siehe Kapitel „Mit Kindern reisen"). Kurios: das *Bananenmuseum* mit rund 10 000 krummen Objekten *(Prof.-Haas-Str. 59 | Sa/So 11–13 Uhr).*

TIMMENDORFER STRAND

[119 D–E2] ★ **Timmendorfer Strand (10 000 Ew.) gilt als Nobelort an der Lübecker Bucht.** Hier trifft sich die Schickeria, z. B. in den Cafés gegenüber dem alten Rathaus (jetzt Kurbetrieb). Dementsprechend exklusiv sind die Freizeitangebote und die Auslagen in den Läden und Boutiquen. Mitten durch die Fußgängerzone verläuft,

Jeder kennt's: Das Café Engel's Eck ist eine Institution in Timmendorfer Strand

deutlich markiert, der 54. Grad nördlicher Breite. Der 8 km lange feinsandige Strand wird durch eine Düne und die natürliche, von Bäumen gesäumte Promenade begrenzt, ideal für Spaziergänge. Einen tollen Blick auf Timmendorfer Strand hat man von den beiden weit ins Wasser hinausreichenden Seebrücken.

SEHENSWERTES

SEA LIFE CENTRE

In dem Unterwasserzentrum erlebt man moderne Aquariumtechnologie neben Haien und Fischen aus Nord- und Ostsee. Über 1000 Meeresbewohner tummeln sich in 36 Becken. *Juni–Aug. tgl. 10–19, Sept./Okt./ März/April 10–18, Nov.–Feb. 10–17 Uhr | Eintritt 12,75 Euro | Tel. 04503/35 88 11 | www.sealife.de*

ESSEN & TRINKEN

DOBLER'S IM LANDHAUS CARSTENS

Im türmchenbewehrten Schmuckstück an Timmendorfs Nobelmeile zaubert der hoch dekorierte Koch Josef Dobler mittags eine leichte Küstenküche (€€), abends für Genießer mit Anspruch (€€€). *Tgl. | Strandallee 73 | Tel. 04503/60 80 | www.landhauscarstens.de* | €€€

CAFÉ ENGEL'S ECK ▶▶

Engel's Eck ist Traditionscafé und beliebter Treffpunkt. Wer hier nicht war, war nicht in Timmendorf. *Am Platz 3 | www.cafe-engels-eck.de*

ORANGERIE/MARITIM SEEHOTEL

Restaurant mit Gourmetküche, bekannt für seine umfangreiche Weinkarte. Es kocht Sternekoch Lutz Niemann. *Mo/Di geschl. | Strandallee 7 b | Tel. 04503/60 50* | €€€

SCHIFFERKLAUSE

In der Schifferklause im Hotel Atlantis sitzt man maritim im umgebauten Schiffsrumpf der *Seuten Deern* und kann umgeben von antiken Raritäten Fisch satt und Holsteiner Spezialitäten genießen. *Strandallee 60 | Tel. 04503/80 90 | www.hotel-atlantis.de | Hotel €€€, Restaurant €€*

ÜBERNACHTEN

HOTEL GORCH FOCK

Familiengeführtes Hotel in unmittelbarer Strandnähe mit viel Service.

Große Café- und Sonnenterasse, gute Küche. *44 Zi. | Strandallee 152 | Tel. 04503/89 90 | Fax 89 91 11 | www.hotel-gorch-fock.de* | €€–€€€

HOTEL HOLSTEINER HOF

Stilvolles Traditionshaus im Zentrum. Außenterrasse. *30 Zi. | Strandallee 92 | Tel. 04503/20 22 | Fax 35 74 19 | www.holsteiner-hof.de* | €€€

HOTEL PARKFRIEDEN

Kleines, kuscheliges Haus mit persönlichem Ambiente und guter Lage zwischen Edelpromenade, Kurpark und Strand. *17 Zi. | Kurpromenade 4 | Tel. 04503/353 40 | Fax 20 20 | www.hotel-parkfrieden.de* | €€–€€€

FREIZEIT & SPORT

SCHIFFSAUSFLÜGE

Täglich (im Winter eingeschränkter Fahrplan) verkehren Schiffe von den beiden Seebrücken in Timmendorfer Strand zu den benachbarten Badeorten. Im Sommer Travefahrt nach Gothmund.

AM ABEND

Im Sommer stehen zahlreiche Konzerte, Tanz- und Unterhaltungsveranstaltungen auf dem Programm. Wem es in den Diskotheken *Nautic-Club* und *Vogue* zu laut ist, der fühlt sich vielleicht im *Club Szenario* des *Maritim Seehotels* wohl.

AUSKUNFT

KURVERWALTUNG

Strandallee 73 a | 23669 Timmendorfer Strand | Tel. 04503/357 70 | Fax 35 77 88 | www.timmendorfer-strand.de

ZIELE IN DER UMGEBUNG

HEMMELSDORFER SEE [119 D–E2]

Nicht weit ist es vom *Vogelpark in Niendorf* (schöner Spazierweg) zum Hemmelsdorfer See, dem mit 40 m unter Normalnull tiefsten Punkt Deutschlands. Auf dem beschilderten Rundweg an der Nordspitze des Sees steht der ★ *Hermann-Löns-Turm*. Geangelt werden im See Hechte, Aale, Zander und Brassen. Angelscheine vergibt *Henning Schierbaum* in *Hemmelsdorf*, der eine florierende *Räucherei am Seeufer* betreibt. In *Wilmsdorf* gibt es direkt am See in einem ehemaligen Backhaus eine wunderbare *Sauna (Tel. 04502/741 70 | Mo, Mi–Fr 15–22, Sa/So 12–20, Mo 12–15 Uhr nur für Frauen).*

NIENDORF [119 E2]

Das von Familien bevorzugte kleine Seebad mit schönem Sandstrand gehört zu Timmendorf. Beide Orte gehen nahtlos ineinander über. Ein besonderes Idyll ist der *Fischereihafen* (Insider Tipp) mit bunten Kuttern und Fischern, die ihre Ware gleich an Ort und Stelle feilbieten. Täglich laufen Ausflugsschiffe nach Boltenhagen und zu den anderen Seebädern der Lübecker Bucht aus. Leckere Brötchen gibt's in der Hafenräucherei. Zu empfehlen ist das Restaurant *Fischkiste* gegenüber *(Tel. 04503/315 43 | €€–€€€).* Sehenswert ist der *Vogelpark* mit 350 gefiederten Arten und einer der größten Eulensammlungen Europas. Viele Freigehege *(März–Nov. tgl. 9–20 Uhr, in der Nebensaison bis Einbruch der Dunkelheit | Eintritt 6,50 Euro | www.vogelpark-niendorf.de).* Zum Übernachten empfiehlt sich das *Strandhotel Miramar* direkt am Meer mit Wellnessabteilung und guter Küche *(34 Zi., 2 Suiten | Strandstr. 59 | Tel. 04503/80 10 | Fax 80 11 11 | www.miramar-niendorf.de | €€€)* oder das *Hotel Atlantic* mit *Haus Susanne* direkt am Strand mit Strandkorbservice und eigener Konditorei *(28 Zi. | Strandstr. 119 und 130 | Tel. 04503/88 91 00 | Fax 88 91 05 | www.hotel-atlantic-niendorf.de | €€)*.

RATEKAU [119 D2]

9 km landeinwärts steht in Ratekau die besterhaltene romanische Feldsteinkirche Ostholsteins von 1156. Insider Tipp Eine Hörinstallation versetzt die Besucher um einige Jahrhunderte zurück *(bei der Kirchengemeinde nachfragen | Tel. 04504/36 25)*.

WARNSDORF [119 D2]

Eine reizvolle, mit alten Bäumen gesäumte Landstraße zweigt von der B 76 nach Warnsdorf (2 km) ab. In dem gepflegten Bauerndorf gibt es viele Ferienwohnungen. Insider Tipp Auf *Hof Honhold* kauft man Spitzenware aus natürlichem Anbau. Auf *Karl's Erdbeer- und Erlebnishof* kann jeder sein Obst selbst pflücken. Das *Schloss Warnsdorf* ist Fastenklinik und Wellnesshotel *(61 Zi. | Schlossstr. 10 | Tel. 04502/84 00 | Fax 84 02 84 | www.schloss-warnsdorf.de | €€€)*.

TRAVEMÜNDE

[119 E2] ★ **Travemünde (13 000 Ew.), das Ostseeheilbad der Hansestadt Lübeck, hat Tradition.** Schon um die Jahrhundertwende erholte „man" sich an Travemündes 4,5 km langem, feinsandigem Strand. Ein Kurdirektor erfand um 1970 den Beinamen „Lübecks schönste Tochter". Nach etlichen Jahren des Dornröschenschlafs wird in Travemünde jetzt wieder kräftig investiert: Im alten Kurhaus wurde ein großes Wellnesshotel *(A-ROSA | www.a-rosa.de)* eröffnet, auf der Halbinsel Priwall ist ein Feriendorf nach dänischem Vorbild entstanden.

Niendorf: bunte Strandvögel

Auf der autofreien *Vorderreihe* mit Cafés, Restaurants und Läden herrscht im Sommer lebhaftes Treiben. Im Kasino (1808) suchen die Spieler ihr Glück beim Roulette, und die Segler treffen sich seit mehr als hundert Jahren im Juli zur Travemünder Woche. Der bedeutende Fährschiffhafen am Skandinavienkai bietet täglich ein buntes Schauspiel. Die meisten Geschäfte befinden sich in der *Vorderreihe*. Mo und Do findet auf dem Fährvorplatz direkt an der Trave ein viel besuchter Markt statt.

SEHENSWERTES

ALTER LEUCHTTURM

Der 31 m hohe Leuchtturm an der Travemündung aus dem Jahr 1539 ist heute nicht mehr in Betrieb, kann aber besichtigt werden. Er beherbert ein maritimes *Museum (April–Okt. Eintritt 2 Euro | www.leuchtturm-travemuende.de)*.

BRODTENER STEILUFER

Am Ende der Strandpromenade beginnt ein Stück Steilküste, das Brodtener Ufer, das immer mehr der Brandung zum Opfer fällt. Ein schöner Spaziergang führt bis Niendorf. Ein schönes Ausflugslokal mit Gartenterrasse ist die *Hermannshöhe (Mo geschl., Nov.–Feb. nur Sa/So | Tel. 04502/730 21 | www.hermannshoehe.de | €–€€)*.

SEEBADMUSEUM

Wie man sich anno dazumal in Travemünde erholte, dokumentiert eine kleine, liebevoll hergerichtete Ausstellung des ortsansässigen Heimatvereins im Gesellschaftshaus an der *St.-Lorenz-Kirche*. Die Kirche aus dem 16. Jh. ist wegen ihrer bemalten Holzdecke und des prächtigen Barockaltars ebenfalls einen Blick wert. *Torstr. 1 | tgl. 11–18 Uhr | Eintritt 3 Euro*

Lübecker Marzipan gibt es auch in Travemünde: im Café Niederegger

VIERMASTBARK PASSAT
Im Passathafen auf dem Priwall liegt das Wahrzeichen Travemündes, die Viermastbark *Passat*. *Mai–Mitte Sept. 10–17 Uhr | Eintritt 3 Euro*

ESSEN & TRINKEN

FISCHEREIHAFEN
Frischer als an den Ständen im Fischereihafen kann Fisch kaum zubereitet werden. Was hier als Imbiss gereicht wird, kann sich kulinarisch durchaus mit dem Angebot mancher Restaurants messen. Maritime Atmosphäre pur. *Tgl., je nach Jahreszeit und Witterung bis in die Abendstunden* | €€

MARINA
Restaurant an der Trave mit Blick auf die ein- und auslaufenden Schiffe und die *Passat*. Fischgerichte und internationale Küche. *Tgl. | Trelleborgallee 2a | Tel. 04502/74347 | www.marina-travemuende.de* | €€

NIEDEREGGER
Ein Ableger des berühmten Café Niederegger in Lübeck. Man bekommt hier nicht nur Kuchen und Marzipanspezialitäten, sondern auch herzhafte Kleinigkeiten. *Tgl. | Vorderreihe 56 | Tel. 04502/20 31*

ÜBERNACHTEN

HOTEL COLUMBIA
Luxushotel im denkmalgeschützten Kasinogebäude. Einmalig ist der historische Ballsaal, in dem häufig Veranstaltungen stattfinden. Drei Restaurants: Fisch-, Gourmet- und mediterrane Küche. *74 Zi. | Kaiserallee 2 | Tel. 04502/30 80 | Fax 30 83 33 | www.columbia-hotels.de* | €€€

HOTEL DEUTSCHER KAISER
Traditionshotel mit Blick auf den Schiffsverkehr der Trave. *50 Zi. | Vorderreihe 52 | Tel. 04502/84 20 | Fax 84 21 99 | www.deutscher-kaiser-travemuende.de* | €€–€€€

STRANDHAUS Insider Tipp
Stilvoll eingerichtete Pension in einer Jugendstilvilla, 2 Minuten vom Strand. *11 Zi. | Kaiserallee 33 | Tel. 04502/718 18 | Fax 88 96 | www.pensionstrandhaus.de* | €–€€

FREIZEIT & SPORT

Gute Möglichkeiten zum Segeln, Surfen, Schwimmen und Tauchen. Ein schöner Strand erstreckt sich auf dem gegenüberliegenden *Priwall* (Fährverbindung). Dort auch Reiten und Hochseeangelfahrten.

SCHIFFSFAHRTEN
Neben den zahlreichen internationalen Fährlinien ab Travemünde gibt es in den Sommermonaten einen Passagierdienst auf der Trave nach Lübeck sowie einstündige Kurzausflüge auf die Ostsee.

AM ABEND

Viel los ist auf der *Vorderreihe* mit ihren Restaurants und Boutiquen, außerdem im *Kasino (Kaiserallee)*. Getanzt wird in der *Night-Sailor-Bar* (Maritim-Strandhotel) und im *Nightlife (Kurgartenstr.)*.

AUSKUNFT

TOURISTINFO
Bertlingstr. 21 (Strandbhf.) | 23570 Travemünde | Tel. 01805/88 22 33 | Fax 04502/99 89 01 59 | www.travemuende-tourismus.de

> LEBENDIGE KULTUR UND UNBERÜHRTE NATUR

Per Auto, Fahrrad und Schiff entdecken Sie auf den drei Touren kulturelle und landschaftliche Höhepunkte Schleswig-Holsteins

Die Touren sind auf dem hinteren Umschlag und im Reiseatlas grün markiert

1 SCHLÖSSER UND HERRENHÄUSER

Zu den beeindruckenden kulturellen Sehenswürdigkeiten in Schleswig-Holstein gehören die imposanten Schlösser der einstigen Landesherren und die prachtvollen Herrenhäuser der adligen Güter. Auf einem gemütlichen Tagesausflug (Rundtour) auf Landstraßen ins Hinterland von Neustadt nach Lütjenburg über Panker und Weißenhaus nach Lensahn und zurück (gut 100 km) können Sie ein paar besonders schöne Beispiele herrschaftlicher Architektur kennenlernen.

★ Grafenwinkel nennt man die Gegend zwischen der Holsteinischen Schweiz und der Ostsee – aus gutem Grund. Um die 300 Adelssitze sollen einst in dieser Region gestanden haben. Viele von ihnen sind noch heute erhalten, manche können besichtigt werden. Die Route beginnt etwa 1,5 km hinter der Autobahnausfahrt

Bild: Gut Panker

AUSFLÜGE & TOUREN

Neustadt-Nord (Richtung Lütjenburg). Dort liegt das **Herrenhaus Hasselburg**. Eine lange Lindenallee führt Sie geradewegs auf das schön geschwungene Torhaus von 1763 mit seinem weißen Rundbogentürmchen zu. Es wird allgemein als das schönste i9n Ostholstein gepriesen. Das Herrenhaus (Kern spätes Mittelalter, Um- und Neubau 1707/10, 1804 klassizistisch überformt) ist Zentrum des heute bewirtschafteten Gutes mit zwei Kavaliershäusern, in denen hohe Gäste untergebracht wurden, und großen Scheunen. In der barocken, zweistöckigen Treppenhalle des Herrenhauses finden Konzerte statt. In der Scheune ist das Schleswig-HolsteinMusikfestival zu Gast.

Folgt man der durch typische Feld- und Knicklandschaft führenden Straße nun weiter über Schönwalde und **Kirchnüchel** *(S. 59)*, zweigt nach etwa 6 km rechts eine schmale, mit alten Bäumen bestandene Straße nach **Kletkamp** ab. Sie führt zu einer von breiten Gräben umzogenen Hofanlage und zum Herrenhaus, das seit 1620 im Besitz der Grafen Brockdorff ist. Die Anlage wird durch ein stattliches Torhaus abgegrenzt *(Führungen für Gruppen ab 20 Personen | Tel. 0438 /90 80)*.

Von Kletkamp ist es nicht mehr weit bis Lütjenburg. Auf der B 502 (Richtung Kiel) fahren Sie etwa 5 km über Darry, bis rechts ein Abzweig nach Panker erreicht ist. Das malerisch gelegene *Gut Panker* *(S. 64)* mit seinem schneeweißen schlossähnlichen Herrenhaus gehört zu den repäsentativsten Anwesen des Landes. Es ist über eine Familienstiftung im Besitz von Landgraf Moritz von Hessen, dessen Familie das Gut seit 1739 ihr Eigen nennt. Leider ist dieses Herrenhaus nur von außen zu bewundern. Doch Panker bietet Ihnen viel Sehenswertes: das gemütliche **Gasthaus Ole Liese** (*Mo geschl., Dez.–April Mo/Di geschl. | Tel. 04381/906 90 |* €€€; angeschlossen ist ein Hotel, *20 Zi. |* €€€ | *www.ole-liese.de*), Galerien, einen Blumenladen in der alten Remise und andere schöne Geschäfte. Berühmt ist die Trakehnerzucht des Gutes.

Insider Tipp

Zurück geht's nach Lütjenburg, dann auf der B 202 etwa 10 km Richtung Oldenburg, bis links ein Abzweig zum **Schloss Weissenhaus** führt, ganz in der Nähe vom **Ferienzentrum Weissenhäuser Strand** *(S. 64)*. Die neobarocke Schlossanlage mit einer prächtigen Parkanlage und Ostseeblick ist öffentlich zugänglich. In den repräsentativen Räumen finden Empfänge und Hochzeiten statt. Im Rosen- und Staudengarten erwartet Sie die Blütenpracht einer Vielzahl von Rosen, die im Holsteiner Klima gut gedeihen. Verschiedene historische Gebäude der Anlage werden zurzeit aufwendig restauriert. Vermietung von Ferienwohnungen, zum Teil direkt am Wasser *(Tel. 04382/350 | www.schloss-weissenhaus.de)*.

Nun fahren Sie wieder auf die B 202 Richtung Oldenburg. Nach etwa 2 km zweigt rechts eine Straße Richtung Wangels und Hansühn ab. Nach wenigen hundert Metern passieren Sie das burgartige **Herrenhaus Farve** aus dem 19. Jh., das jedoch nicht zu besichtigen ist. Weiter geht es bis Hansühn. Dort biegen Sie nach **Lensahn** ab und erblicken kurze Zeit später die imposante Hofanlage von **Gut Testorf**. Im Laufe des 18. Jhs. entstanden Scheunen, Kavaliershäuser und das dekorative Torhaus mit seinem hohen Mansardendach, welches an Hasselburg erinnert. Die Gesamtanlage ist teilweise noch mit breiten Gräben umgeben. Einige Kilometer weiter führt rechts ein schmaler Weg nach **Gut Güldenstein**. Es ist im Besitz des Herzogs von Oldenburg. Die Anlage ist eingebettet in eine wahre Bilderbuchlandschaft und liegt auf einer Insel, zu der natürlich ein Torhaus (von 1743) führt. Das schlossartige zweigeschossige Wohnhaus aus rotem Backstein mit weißen Verblendungen ist eines der Hauptwerke spätbarocker Herrenhausarchitektur, allerdings nur von außen zu bewundern. In Güldenstein endet Ihr Ausflug in die herrschaftliche Geschichte Schleswig-Holsteins. Über Lensahn und die Autobahn geht es zurück nach Neustadt.

2 RADTOUR AUF DEM OSTSEEKÜSTEN-RADWEG

Die vom Verband Ostsee-Holstein-Tourismus e.V. konzipierte Radwanderroute führt auf 452 km entlang der Küste von Flensburg über Fehmarn nach Lübeck-Travemünde. Das Radwegenetz ist sehr gut ausgebaut und beschildert. Man wird von einem hellblauen Signet mit gelb-grüner Welle geleitet. Sportlich aktive Radler schaffen den Kurs in gut sechs Tagen (ca. 75 km täglich). Wer es eher gemütlich mag oder mit Kindern radelt, sollte rund zehn Tage einkalkulieren (ca. 40–50 km pro Tag). Mit überwiegend asphaltierten Wegen und nur wenigen kurzen Steigungen ist der Ostseeküsten-Radweg äußerst familienfreundlich. Nur Rennräder tun sich etwas schwer – wegen einiger sandiger oder unbefestigter Streckenabschnitte.

Man kann den Radweg natürlich auch in Teilabschnitten befahren. Fahrräder dürfen in allen Regionalzügen und auf vielen Fähren mitgenommen werden. Infos gibt es bei der Bahn oder den Tourist-Infos.

Die Route führt vorbei an alten Kirchen, Herrensitzen und historischen Windmühlen. Idyllisch gelegene Badeorte und verträumte Fischerdörfer mit Reetdachkaten, aber auch moderne Seebäder sind charakteristische Merkmale der schleswig-holsteinischen Landschaft. Beginnend an der dänischen Grenze, durch Deutschlands nördlichste Stadt Flensburg, verläuft die Tour durch **Glücksburg** *(S. 35)* am Wasserschloss vorbei zum größten Naturschutzgebiet des Kreises Schleswig-Flensburg, der **Geltinger Birk** *(S. 43)*.

Die vielgestaltige Moränenlandschaft zwischen Flensburger Förde und Schlei heißt **Angeln**. In diesem eiszeitlich geprägten Gebiet befinden sich markante Hünengräber und romanische Kirchen (12. Jh.).

Ausgehend von **Kappeln** *(S. 39)* geht die Strecke über das Ostseebad **Schönhagen** *(S. 43)*, unweit des Naturschutzgebietes **Schwansener See**, zum Ostseebad **Damp** *(S. 42)* und dann weiter südlich nach **Eckernförde**

Aktiver, naturnaher Urlaub: Auch entlang der Schlei finden Radwanderer ideale Bedingungen

(S. 47). Entlang der Eckernförder Bucht kommen die Radler im Dänischen Wohld über Strande und Schilksee nach **Kiel** *(S. 50)*. Die Landeshauptstadt an der 17 km tief ins Land einschneidenden Förde bietet ein vielseitiges Freizeitangebot. Nach der Überquerung des Nord-Ostsee-Kanals können Sie die Tour mit einer Dampferfahrt über die Kieler Förde kombinieren. Entlang der Kieler Bucht führt der Weg über **Laboe** *(S. 54)*, **Wendtorf**, **Kalifornien**, **Brasilien** und **Schönberger Strand** nach **Heiligenhafen** *(S. 62)*. Eingebettet in eine beeindruckende Landschaft mit mächtigen Eichen, schönen Seen und urigen Dörfern laden Orte wie **Hohwacht** *(S. 63)* und **Weissenhäuser Strand** *(S. 64)* zu einer Pause ein.

Fehmarn: den Wind gut genutzt

Der Vogelfluglinie folgend, geht es über die 963 m lange Fehmarnsund-Brücke auf die drittgrößte deutsche Insel, **Fehmarn** *(S. 68)*. Sie ist immer noch Bauernland mit Feldern, malerischen Häfen, Windmühlen und Leuchttürmen. Von Fehmarn kommend, folgt die Strecke über **Großenbrode** *(S. 73)*, **Dahme** *(S. 74)* und **Kellenhusen** *(S. 74)* weiter dem Küstenverlauf. Vorbei am lebhaften Seebad **Grömitz** *(S. 73)* führen die Wegweiser über Rettin und Pelzerhaken nach Neustadt in Holstein. Entlang der Küste an der Lübecker Bucht befindet sich mit den Badeorten **Sierksdorf, Haffkrug, Scharbeutz** und **Timmendorfer Strand** samt **Niendorf** ein Ferienort neben dem anderen. Der Ostseeküsten-Radweg Schleswig-Holstein endet auf der Halbinsel Priwall im Lübecker Stadtteil Travemünde.

Wer während der Hauptsaison an der Ostseeküste radeln möchte, sollte sich rechtzeitig um Übernachtungsmöglichkeiten kümmern. Unterkunftsbetriebe, die am oder in der Nähe des Ostseeküsten-Radwanderweges liegen, sind in einer Liste zusammengefasst, die alle Preisinformationen und Anschriften enthält. Die Häuser wurden mit einem Emblem gekennzeichnet. Außerdem gibt es einen nützlichen Radwanderführer mit detaillierten Karten. Er ist gegen eine Gebühr (ca. 7 Euro) zu beziehen bei den touristischen Auskunftstellen und im Buchhandel. Info-Material gibt es auch beim *Ostsee-Holstein Tourismus e.V.* (*Strandallee 75a | 23669 Timmendorfer Strand | Info-Tel. 01805/70 07 08*) | *www.ostsee-schleswig-holstein.de*) oder unter *www.ostseekuesten-radweg.de*

3 SCHIFFSAUSFLUG AUF DEM „AMAZONAS“

Den „Amazonas Deutschlands“ nennen die Norddeutschen die Wakenitz. Jene gut 12,5 km lange, naturbelassene Wasserstraße zwischen dem Anleger an der Moltkebrücke in Lübeck und der Endstation am Fährhaus Rothenhusen am Ratzeburger See ist ein außerhalb Schleswig-Holstein weitgehend unbekanntes Idyll. Von Ostern bis Oktober verkehren mehrmals täglich Ausflugsschiffe auf der Wakenitz (von Lübeck Moltkebrücke bis Rothenhusen und zurück ca. 4 Std.). Unterbrechungen sind in den Restaurants Müggenbusch und Absalonshorst möglich. In Rothenhusen kann man auch auf die Schiffe der Ratzeburger Seeschifffahrt überwechseln, die in einer Stunde über den Großen Ratzeburger See nach Ratzeburg fahren. Dann wird aus einem Halbtagesausflug schnell ein ganzer Tag. Der Abstecher lohnt sich!

Eine Fahrt auf der *Wakenitz* gehört zu den besonders romantischen Flussfahrten in Norddeutschland. Umgestürzte Bäume am Ufer, Wurzeln meterhoch über dem Boden, dichte Erlenwälder, eine ungeheure Vogelartenvielfalt (mit etwas Glück kann man hier einen der seltenen und scheuen Eisvögel sehen) und wilde Blumen erinnern tatsächlich an die Mangrovensümpfe des Amazonas. Exotische Tiere gibt es auch: Vor Jahren entkamen einige Nandus aus einem flussnahen Gehege. Die straußähnlichen Vögel haben sich in Freiheit kräftig vermehrt. Die Wakenitz bildete früher die innerdeutsche Grenze, und so hat sich an ihren Ufern noch viel unberührte Natur erhalten können.

Romantisch – eine Tour auf der Wakenitz

Auf den verlandeten Gebieten an den sumpfigen Ufern der Wakenitz ließen sich in früheren Zeiten Fischer nieder. Aus den ehemaligen Fischerbuden, reetgedeckten Häusern, die teilweise schon vor über 400 Jahren erstmals urkundlich erwähnt wurden, sind zu Beginn des 19. Jhs. Ausflugslokale geworden. In **Müggenbusch** ist das Bauernfrühstück zu empfehlen, und in **Absalonshorst** werden bevorzugt Wild- und Fischspezialitäten serviert. Außerdem gibt es dort einen herrlich altmodischen Kaffeegarten. (Insider Tipp) Die Endstation schließlich, das **Fährhaus Rothenhusen**, 1583 erbaut, ist schon wegen seiner Lage am Ratzeburger See einen Besuch wert.

EIN TAG IN KIEL

Action pur und einmalige Erlebnisse.
Gehen Sie auf Tour mit unseren Szene-Scouts

GUTE-LAUNE-FRÜHSTÜCK

9:00

Ein Morgenkick der besonderen Art: Im *Lunatique* ist alles bunt und alte Möbel werden mit neuen Stücken kombiniert. Dazu gibt's leckere und ausgefallene Kreationen wie portugiesischen *Galão*, Schwarzbrot mit Koriander oder Fenchelsprossen verfeinert und über 60 Teesorten. **WO?** *Ziegelteich 10*

10:00

AB IN DEN SATTEL!

In die Steigbügel steigen, die Pobacken zusammenkneifen und los: Im renommierten Kieler Renn- und Reitverein dürfen Pferdefans eine Schnupperstunde nehmen, in der sie die Basics der Reitkunst lernen. Bonus: Auf der großen Anlage kann man sich nach der Stunde die Beine vertreten und den Profis auf die Hufe schauen. **WO?** *Olshausenstr. 65–67 | Kosten: 16 Euro pro Stunde | Anmeldung nötig: Tel. 0431/54 16 44 | www.krrv.de*

FUNKENFLUG

11:30

Nach einer halben Stunde Autofahrt wird's interessant. Gut aufpassen: In der 157 Jahre alten Dorfschmiede fliegen die glühenden Funken durch die Luft. Bei *Pierogi* kann man den Kunstschmieden über die Schulter schauen. Danach darf man selbst das Eisen in die Glut halten und sich im Schmiedefeuer Stockbrot braten. **WO?** *Dorfstr. 19, Wisch | ab 25 Personen | Anmeldung nötig: Tel. 0173/633 07 70 | www.alte-dorfschmiede-wisch.de*

14:00

ANPACKEN!

Vom Kieler Norden zurück in den Süden. Im Planwagen rollt man über Stock und Stein und bereitet sich am besten mental schon auf die Prüfung vor. Wer ein echter Landmensch sein will, beweist sich jetzt bei Schubkarrenslalom und Nägel schlagen. Nach erfolgreicher Teilnahme winkt die Belohnung: das Bauerndiplom! **WO?** *Dorfstr. 21, Böhnhusen | Kosten: 25 Euro/Person | Anmeldung nötig: Tel. 04347/16 69 | www.hof-treptow.de*

24 h

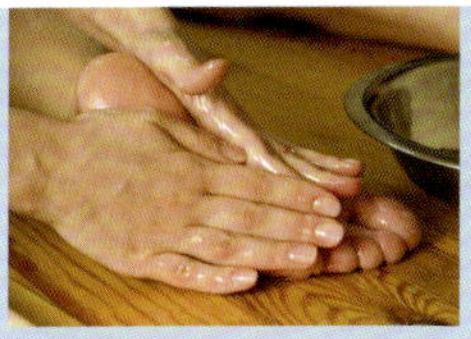

THINK POSITIVE

16:00

Nach dem Landsport geht's zurück nach Kiel und direkt auf die Massagebank. Eine *Abhyanga Massage* sorgt jetzt für Muskelentspannung, gute Laune und ein starkes Immunsystem. Bei der ayurvedischen Ganzkörpermassage mit Sesamöl werden energetische Blockaden gelöst. Der perfekte Fitmacher für den anstehenden Abend in der City. **WO?** *Lerchenstr. 19 | Kosten: 40 Euro pro Stunde | Anmeldung nötig: Tel. 0431/658 75 01 | www.ayurma-massage-kiel.de*

18:00

SZENE-SNACKING

Der Abend beginnt lässig im angesagten *Oblomow*. Hier lässt man sich warme Holzofenbrote mit Ziegenkäse, Spargel, Champignons und roten Zwiebeln schmecken. Als Beilage gibt's den besten Citytalk oben drauf, denn hier trifft sich die Partyszene. Einfach auf den Ledersofas vor der rosa Blümchentapete chillen oder im Sommer die Open-Air-Terrasse stürmen. **WO?** *Hansastr. 82 | www.oblomow-kiel.de*

START IN DIE NACHT

20:00

Die Kneipe mit dem berühmten Namen liegt direkt am Kai: Der *Blaue Engel* ist der beste Start ins Nachtleben. Hier lauscht man dem bunten Kulturprogramm. Pop-Bands aus ganz Europa, Jazzsessions und ein legendäres Sonntagsquiz – der *Blaue Engel* ist der Kultur-Hotspot am Hafen! **WO?** *Kaistr. 47 | www.blauerengel-kiel.de*

23:00

PARTYALARM

Abtanzen steht auf dem Programm. Im Szeneclub *Trafo* gibt's Oldschool-Sofas und Oma-Nachttischlampen fürs Auge, House, Rock und 80er auf die Ohren! Wenn dann noch die Fans des angesagten Handballvereins *THW Kiel* zusammen mit der Mannschaft eintreffen, feiern die Partypeople bis zum nächsten Morgen. **WO?** *Kleiner Kuhberg 12 A | www.trafo-kiel.de*

> EIN PARADIES FÜR SEGLER UND SURFER

Im Wassersportland Nummer eins bleiben keine Wünsche offen

> Freunde des Wassersports kommen in Schleswig-Holstein voll auf ihre Kosten. Die Ostseeküste und die zahlreichen Binnenseen sind zum Segeln, Surfen, Tauchen, Rudern und für Wasserski bestens geeignet. Wakenitz und Schwentine laden zum Wasserwandern ein.

In jeder Region kann man Tennis und Golf spielen, reiten, Radfahren und Wandern. Aber auch weniger alltägliche Aktivitäten wie Fallschirmspringen und Ballonfliegen sind möglich.

Bild: Segler bei Eckernförde

FLIEGEN BALLONFAHREN FALLSCHIRMSPRINGEN

Der Flensburger Flughafen *Schäferhaus* bietet Fallschirmspringen, zwei Flugschulen für Segel- und Motorflugzeuge sowie Rundflüge *(Tel. 0461/917 00 | www.flensburger-flughafen.de)*. Im freien Fall über der Kieler Förde – diesen Nervenkitzel bekommen Urlauber bei den *Skydivern,* den Fallschirmspringern mit

SPORT & AKTIVITÄTEN

Sitz auf dem *Flughafen Kiel-Holtenau (Tel. 0431/799 32 53 | www.skydive-kiel.de)*. Auch Segelfliegen und Motorflug sind im Angebot *(Tel. 0431/32 32 15 | www.motorflug-kiel.de)*. In kleinen Gruppen geht es beim Ballonfahren ab *Westensee* gemächlicher in die Lüfte *(Ballonteam Santa Fe | Tel. 04305/837 | www.ballonteamsantafe.de)*. Ab Plön schweben Sie mit dem Ballon über die Holsteinische Schweiz *(Tel. 04522/509 50 | ca. 200 Euro)*. An der Lübecker Bucht bildet die *Segelflugschule Lübeck* aus *(drei Schnupperflüge 59 Euro | Tel. 04541/89 18 56 | www.segelflugschule-luebeck.de)*.

Insider Tipp

GOLF

Auf über einem Dutzend zum Teil herrlich gelegener Golfanlagen entlang der Ostseeküste kann eingelocht werden. Einen Überblick bietet die Website *www.golfkueste-schleswig-*

holstein.de. Infos und kostenfreie Broschüre „Golfen – Reisen – Erleben Schleswig-Holstein" beim Verband Ostsee-Holstein-Tourismus e.V. *(Tel. 01805/70 07 08)*.

HOCHSEILKLETTERN

Hochseilgärten gibt es auf *Fehmarn (Tel. 04371/21 89 | www.hochseilgarten-fehmarn.de)*, am *Falckensteiner Strand* in Kiel *(Tel. 0431/310 49 47 | www.highspirits-kiel.de)*, in *Altenhof* zwischen Kiel und Eckernförde *(Tel. 04340/40 06 87 | www.hochseilgarten-eckernfoerde.de)* und in *Bad Malente-Gremsmühlen (Tel. 04523/98 47 05 | www.hochseilgarten-malente.de)*.

INLINESKATEN

Schöne, breite Ostseepromenaden bieten sich fürs Inlineskaten geradezu an. Allerdings sind die Flitzer auf Rollen bei den Flaneuren nicht immer beliebt. Die kilometerlange Insider Tipp *Kiellinie* direkt an der Kieler Förde bietet mit Sprungschanzen ein Skaterparadies. Am Wasser entlang führt eine Inlinestrecke von *Schönberger Strand* bis nach Laboe.

PADDELN & KANUFAHREN

Wasserwandern und Paddeln begeistert Urlauber Insider Tipp auf der urwaldartig umwachsenen *Schwentine* ab Eutin. In vier Tagen geht's 50 km flussabwärts bis nach Kiel *(Kur und Touristik Eutin | Tel. 04521/70 79 22)*. Auch die beschauliche *Wakenitz* bietet sich für eine Paddeltour von *Lübeck* nach Ratzeburg an *(Kanucenter Krebs | Tel. 04501/412 | www.kanucenter.de)*. Der *Große Plöner See* lockt Kanu- und Kajakfahrer an *(Wassersportzentrum Segelschule Plön | Tel. 04522/41 11 | www.segelschule-ploen.de)*.

RADFAHREN

Radler finden nahezu überall beste Bedingungen vor. Dazu gehören ausgeschilderte Routen, für die die örtlichen Touristinfos Karten- und sonstiges Material bereit halten. Die meisten Orte bieten spezielle Radreisepauschalen an. In jedem größeren Ort können Räder ausgeliehen werden. Die meisten Fähren nehmen Zweiräder mit. Über den Ostseeküsten-Radwanderweg informiert der Verband Ostsee-Holstein-Tourismus e.V. Weitere Infos beim *Allgemeinen Deutschen Fahrrad-Club, Landesverband Schleswig-Holstein | Postfach 1346 | 24012 Kiel | Tel. 0431/631 90 | Fax 631 33 | www.adfc-sh.de*

REITEN

Reiter- und Ponyhöfe gibt es an der Ostseeküste und im Hinterland in großer Zahl. Umfassende Informationen unter *www.sh-pferdeland.de* und *www.komm-zum-reiten.de*. Auch die örtlichen Tourist-Infos sowie der Pferdesportverband *(Tel. 04551/889 20 | www.pferdesportverband-sh.de)* helfen weiter.

SEGELN & SURFEN

Segler finden v.a. in Kiel, Glückstadt, Kappeln, Neustadt, Lübeck-Travemünde und Flensburg Traumreviere. In über 150 Häfen gibt es Liegeplätze. Fast in jedem Ostseebad bieten Segel- und Surfschulen Kurse an. In und um *Flensburg* gibt es über 20 Wassersportvereine, auch das Mitfahren auf großen Segelschiffen ist hier möglich *(Tel. 0461/132 38)*. Die *Schlei* zwischen Schleswig und Kappeln ist ein ideales Segel- und Surfrevier *(Infos über Touristikverein Schleidörfer | Tel. 04641/20 47)*. Die *Eckernförder Bucht* zählt zu den attraktivsten Segelrevieren Deutschlands. Mehrere Yachthäfen und Segelschulen *(Tel. 04351/717 90)*. Im *Olympiahafen Kiel-Schilksee* trifft sich die Elite des Segelsports. Auch auf den großen Binnengewässern *Selenter See*, *Großer Eutiner See* und *Großer Plöner See* herrschen optimale Bedingungen. Auf *Fehmarn* schätzen die Sportler die tollen Segelreviere rund um die Insel. Gästesegeln bietet „Onkel Charly" ab *Burgstaaken (Tel. 04371/49 93)*. Für Surfanfänger sind die geschützten Buchten Fehmarns ideal, z.B. *Windsurfing-Schule Charchulla* in Burgtiefe (auch Kitesurfing, *Tel. 0171/926 78 93, www.extremelife.de*).

TAUCHEN

Taucher finden an der Ostsee künstlich angelegte Riffe *(z. B. Neuenkirchgrund)* und Schiffswracks *(z. B. Inger Klit)*. Für Anfänger sind *Kieler Förde* oder *Hohwachter Bucht* empfehlenswert. Besonders artenreiche Tauchgebiete sind die *Neustädter Bucht*, das *Brodtener Riff* und rund um *Fehmarn (Tauchschule Calypso | Tel. 04371/63 14 | www.tauchschule-calypso.de)*. Außerdem: *Aquarius Tauchservice | Schwedeneck | Tel. 04308/427 | auch Schnorchelkurse | www.aquariustauchservice.de*

Auf zwei oder acht Rollen Schleswig-Holstein „erfahren" – ein Vergnügen für Alt und Jung

ZEITREISEN UND ERLEBNISPARKS

Kinder aller Altersstufen können etwas erleben, lernen und staunen

> Die schönste Kinderattraktion an der Ostsee ist und bleibt der Strand. Sandburgen bauen macht allen Kindern Spaß. Und bei Schmuddelwetter sorgen zahlreiche Spaßbäder, Museen und Aquarien, Tier- und Erlebnisparks für Kurzweil.

Damit die Eltern mal abschalten können, gibt es in fast allen Ostseebädern Kinderprogramme und Betreuungsangebote *(www.sh.elternfrei.de)*. Einige Orte bieten einen kostenlosen Kinderpass mit vielen Vergünstigungen an (bei der Touristinfo oder der Tourismusagentur in Kiel). „Kultur auf Kindernasenhöhe" erkennt man an dem Logo mit einer orangefarbenen Kuh. Infos zu Urlaub mit Kindern unter: *www.tippsfuerkids.de*

Bild: Sea Life Centre in Timmendorfer Strand

FLENSBURG UND DIE FÖRDE

PHÄNOMENTA **[120 B2]**

So spannend kann Physik im Alltag sein: Kinder lernen in dem Flensbur-

MIT KINDERN REISEN

ger Museum an 200 Stationen durch Ausprobieren, z. B. wie Elektrizität funktioniert. *Norderstr. 157–163 | Juni–Sept. Mo–Fr 10–18 (Okt.–Mai 9–17), Sa/So 11–18 Uhr | Erw. 8,50 Euro, Kinder (3–6 J.) 1,50 Euro, Schüler 6 Euro | www.phaenomenta.com*

POWERPARK ARTEFACT [112 B2]

In dem Glücksburger Zentrum für erneuerbare Energien können Kinder u. a. mit der Sonne um die Wette strampeln und einen Lehmofen bauen. *Bremsbergallee 35 | April bis Sept. Mo–Fr 9–18, Sa/So 10–18, Okt. tgl. 10–18 Uhr | Erw. 4 Euro, Kinder (bis 16 J.) 3 Euro | www.artefact.de*

SCHLESWIG UND DIE SCHLEI

ANGELNER DAMPFEISENBAHN [113 E4]

Die schwarze Dampflokomotive Nr. 1916 der Schwedischen Staatsbahnen fährt an der Spitze der Nostalgiebahn zwischen Kappeln und Süderbrarup. *Bahnhof Kappeln | Mai–Okt. So 11 und 14 Uhr | Hin- und Rückfahrt Erw. 12 Euro, Kinder 6 Euro | Tel. 0461/505 49 96 | www.angelner-dampfeisenbahn.de*

AQUA TROPICANA DAMP [113 E5]

Unter den mächtigen Glaskuppeln des Spaßbades blubbern Unterwasserquellen und rauschen Wasserfälle. *Seeuferweg | tgl. 10–18, Juli–Aug. 10–20 Uhr | Erw. 6 Euro, Kinder (3–12 J.) 5 Euro | www.damp-urlaub.de*

TOLK-SCHAU [112 C5]

Der Vergnügungspark bietet über 100 lebensgroße Dinosauriernachbildungen, Fahrgeschäfte und einen Museumspark (u. a. Mineralien, Dampfloks, landwirtschaftliche Geräte). *Am Finkmoor 1 | Tolk | April–Okt. 10–18, Einlass bis 16 Uhr | Pers. über 90 cm Körpergröße 15 Euro, Familien pro Pers./Schüler 13 Euro | www.tolk-schau.de*

WIKINGER-MUSEUM HAITHABU [114 A1]

Wicki, den Wikinger, kennt fast jedes Kind. Wie die Wikinger gegessen, gejagt und gelebt haben, erfahren kleine Wicki-Fans in dem Museum in Haddeby bei Schleswig (B 76). *April–Okt. tgl. 9–17, Nov.–März Di bis So 10–16 Uhr | Erw. 4 Euro, Kinder (ab 6 J.) 2,50 Euro | www.haithabu.de*

KIEL UND DIE KIELER BUCHT

FREILICHTMUSEUM MOLFSEE [115 D4]

In dem weitläufigen Freilichtmuseum wird das Landleben zu Uropas Zeiten gegenwärtig. Viele Tiere, auch zum Streicheln, ein historischer Jahrmarkt und eine Museumsbahn begeistern die jungen Besucher. Viele Tiere auf den Weiden. Museumsbahn, historischer Jahrmarkt. *Hamburger Landstr. 97 | April–Okt. tgl. 9–18, Nov.–März So/Fei 11–16 Uhr | Erw. 6 Euro, Kinder (ab 6 J.) 2 Euro | www.freilichtmuseum-sh.de*

TIERPARK GETTORF [114 C2]

Affen, Zebras, Kängurus und exotische Vögel leben hier neben einheimischen Tieren. Außerdem: Lehrpfad, Reiten, Streichelzoo. *Süderstr. 33 | tgl. 9–18 Uhr (Winter 10 Uhr bis zur Dämmerung) | Erw. 7 Euro, Kinder (2–13 J.) 4 Euro, bis 17 Jahre 5,50 Euro | www.tierparkgettorf.de*

DIE HOLSTEINISCHE SCHWEIZ

ARCHE WARDER [114 C5] Insider Tipp

70 bedrohte Nutztierrassen haben in Warder auf 40 ha Land eine neue Heimat gefunden. Von manchen der bedrohten Rassen existieren weltweit nur noch wenige Exemplare. Der Tierpark kooperiert mit Greenpeace. *Langwedeler Weg 11 | tgl. 10–20, Einlass bis 18 Uhr, im Winter bis Einbruch der Dunkelheit | Erw. 6 Euro, Kinder (4–12 J.) 3 Euro | www.arche-warder.de*

KINDERWELT SCHATZINSEL [117 D3]

Im Aktiv-Hus in Heiligenhafen können Kinder sich auch bei Schietwetter so richtig austoben. Es gibt Trampoline, das Spielschiff „Hispanola“, Sandplätze und viele andere Attraktionen. *Tgl. 11–18 Uhr | Tageskarte für Kinder und Jugendliche 4 Euro,*

Erw. Begleitpersonen frei | Tel. 04362/50 29 00

Insider Tipp **MUSEUMSHOF LENSAHN** [117 D4]
4000 Exponate geben im über 200 Jahre alten Museumshof Einblicke ins bäuerliche Leben der Urgroßeltern. Richtig anschaulich wird es, wenn die Besucher mit anfassen, etwa beim Kornmahlen. Besonders beliebt: Treckerklettern. *Prienfeldhof | März–Nov. Di–So 10–18 Uhr | Erw. 3,50 Euro, Kinder 2,50 Euro | www.museumshof-lensahn.de*

LÜBECK UND DIE LÜBECKER BUCHT

HANSA-PARK SIERKSDORF ★ [119 D1]
Gigantischer Freizeitpark direkt am Meer mit Fahrgeschäften für jedes Alter. Alljährlich kommen neue Attraktionen hinzu. *April–Okt. tgl. 9 bis 18 Uhr | Erw. 23,50 Euro, Kinder (4 bis 14 J.) 19,50 Euro | www.hansapark.de*

WASSERVOGELRESERVAT WALLNAU [117 D1]
Wie riecht Lavendel? Wie fühlt es sich an, barfuß über Fichtenzapfen zu laufen? Der Tast- und Schnupperpfad des Infozentrums im Naturschutzgebiet Wallnau auf Fehmarn ist für kleine Naturentdecker ein großes Erlebnis. *Infozentrum März–Okt. tgl. 10–17 Uhr | Erw. 6,50 Euro, Kinder (6–18 J.) 3,50 Euro | Tast- und Schnupperpfad ganzjährig geöffnet, Spende erbeten | www.NABU-Wallnau.de*

Nie langweilig: Für Kinder ist der Strand die größte Sandkiste der Welt

> VON ANREISE BIS WETTER

Urlaub von Anfang bis Ende: die wichtigsten Adressen und Informationen für Ihre Reise an die Ostseeküste

ANREISE

AUTO

Von Süden her über die A7 Richtung Kiel–Flensburg (Elbtunnel) oder die A1 Richtung Lübeck–Puttgarden. Weitere Elbbrücken bei Lauenburg und Geesthacht. Von Osten über die A24 Berlin–Hamburg oder über die Ostsee-Autobahn A 20 nach Lübeck.

BAHN

ICE-Verbindungen über Hamburg gibt es nach Neumünster und Kiel. Der Nachtreisezug „Komet“ verkehrt täglich auf der Strecke Zürich–Hamburg (8 Std. ab Karlsruhe, mit Fahrradtransport). Die Lübecker Bucht ist über die Strecke Hamburg–Lübeck–Puttgarden zu erreichen. Kiel und die nördliche Ostseeküste erreichen Sie über Hamburg–Neumünster–Kiel sowie Kiel–Eckernförde–Flensburg. In die Holsteinische Schweiz fahren Sie über Hamburg–Lübeck–Eutin–Kiel. Nebenstrecken werden überwiegend durch Buslinien bedient.

BUS

Ab Hamburg ZOB fahren Busse verschiedene Ziele in Schleswig-Holstein an. Ein Verbund von Buslinien verbindet fast alle Orte.

FLUGZEUG

Der nächste internationale Großflughafen ist Hamburg-Fuhlsbüttel. Von

> WWW.MARCOPOLO.DE

Ihr Reise- und Freizeitportal im Internet!

> Aktuelle multimediale Informationen, Insider-Tipps und Angebote zu Zielen weltweit ... und für Ihre Stadt zu Hause!

> Interaktive Karten mit eingezeichneten Sehenswürdigkeiten, Hotels, Restaurants etc.

> Inspirierende Bilder, Videos, Reportagen

> Kostenloser 14-täglicher MARCO POLO Podcast: Hören Sie sich in ferne Länder und quirlige Metropolen!

> Gewinnspiele mit attraktiven Preisen

> Bewertungen, Tipps und Beiträge von Reisenden in der lebhaften MARCO POLO Community: *Jetzt mitmachen und kostenlos registrieren!*

> Praktische Services wie Routenplaner, Währungsrechner etc.

Abonnieren Sie den kostenlosen MARCO POLO Newsletter ... wir informieren Sie 14-täglich über Neuigkeiten auf marcopolo.de!

Reinklicken und wegträumen!
www.marcopolo.de

PRAKTISCHE HINWEISE

dort verkehren regelmäßig Busse nach Kiel (über Neumünster) und Lübeck. Vom Flughafen Lübeck-Blankensee aus werden ebenfalls Ziele im europäischen Ausland angeflogen.

AUSKUNFT

OSTSEE-HOLSTEIN-TOURISMUS E. V.
Strandallee 75 a | 23669 Timmendorfer Strand | Info-Tel. 01805/70 07 08 | Fax 04503/88 85 15 | www.ostsee-schleswig-holstein.de

TOURISMUS-AGENTUR SCHLESWIG-HOLSTEIN GMBH
Wall 55 | 24103 Kiel | Tel. 01805/60 06 04 | Fax 0431/600 58 44 | www.sh-tourismus.de

SCHLESWIG-HOLSTEIN-MUSIKFESTIVAL
Kartenzentrale | Postfach 3840 | 24037 Kiel | Tel. 0431/57 04 70 | Fax 570 47 47 | www.shmf.de

SPEZIALPROSPEKTE
Die Tourismusagentur Schleswig-Holstein GmbH gibt themen- und zielgruppenspezifische Prospekte heraus *(www.sh-tourismus.de)*.

BAUERNHÖFE

Der Katalog „Urlaub auf dem Bauernhof" ist erhältlich bei *Urlaub auf dem Bauernhof e. V. | Tel. 0431/979 73 45 | www.bauernhof-erlebnis.de*. Broschüren zu „Übernachtungen in Heuherbergen" erhalten Sie über die *Landwirtschaftskammer Schleswig-Holstein | 24783 Osterrönfeld | Am Kamp 9 | Tel. 04331/841 40 | Fax 84 14 60 | www.heuherbergen.de*

WAS KOSTET WIE VIEL?

> KAFFEE	1,50–2 EURO für eine Tasse Kaffee
> FAHRRAD	5–11 EURO Fahrradmiete pro Tag
> BIER	1,80–2,30 EURO für ein kleines Bier
> MARZIPAN	1,50–2,40 EURO für 100 Gramm
> MENÜ	9–13 EURO für ein einfaches Menü
> KURTAXE	1,30–2,60 EURO pro Tag

CAMPING

Campingplätze sind zahlreich und fast immer in Wassernähe. *Auskunft erteilt die Tourismusagentur*

EINTRITTSPREISE

Die in diesem Führer angegebenen Eintrittspreise gelten in der Regel für Erwachsene. In fast allen Einrichtungen gibt es jedoch Ermäßigungen für Kinder (oft 50 Prozent), für Jugendliche und Familien. Fragen Sie bei Bedarf auch nach Gruppentarifen!

FERIENWOHNUNGEN

In Schleswig-Holstein gibt es eine große Anzahl von Ferienwohnungen, -häusern und Apartments verschiedener Preisklassen. Für eine gut ausgestattete Ferienwohnung für vier Personen direkt an der Küste zahlt man in der Hochsaison ab ca. 65 Euro pro Tag. Im Binnenland ist eine Ferienwohnung auf dem Bauernhof für fünf Personen schon ab 35 Euro pro Tag zu haben. Gastgeberverzeichnisse senden die Touristservicestellen des jeweiligen Ortes zu. Übernachtungsmöglichkeiten (einschließlich Ferienwohnungen) in ca. 25 größeren Orten bietet die Internetseite *www.ostsee-buchen.de* des Ostsee-Holstein-Tourismus e. V.

INTERNET

Einen hervorragenden Service mit Links zu vielen Veranstaltungen und Buchungsmöglichkeiten, bieten *www.sh-tourismus.de* und *www.ostsee-schleswig-holstein.de*. Informativ und mit vielen Verbindungen, beispielsweise zu den Museen des Landes, ist die offizielle Homepage *www.schleswig-holstein.de*. Wer wissen will, wo der Hund mit an den Strand darf, wo eine FKK-Badestelle ist oder welche touristischen Angebote sich in Reichweite befinden, wird unter dem Stichwort „Strandfinder“ auf der Website *www.ostsee-schleswig-holstein.de* fündig. Speziell für Hundebesitzer ist die Website *www.hundestrand.de.vu* gedacht. Hinweise zur Wasserqualität gibt es unter *www.badewasserqualitaet.schleswig-holstein.de* und *www.algenreport.de*. Webcams liefern einen Blick auf den Urlaubsort, entsprechende Links finden sich auf den Websites der meisten Tourist-Infostellen. Kiel hat sogar fast 30 solcher Kameras *(www.kielmonitor.de)*.

WETTER IN KIEL

	Jan.	Feb.	März	April	Mai	Juni	Juli	Aug.	Sept.	Okt.	Nov.	Dez.
Tagestemperaturen in °C	2	3	6	11	16	20	22	21	18	13	7	4
Nachttemperaturen in °C	−2	−2	0	3	7	11	13	13	10	7	3	0
Sonnenschein Std./Tag	2	2	4	6	8	8	7	6	6	3	2	1
Niederschlag Tage/Monat	18	15	13	14	12	14	15	16	15	17	18	18
Wassertemperaturen in °C	3	2	3	5	9	14	17	17	15	12	8	5

PRAKTISCHE HINWEISE

INTERNETCAFÉS

Computer Cafe Silver Angel, Kiel (Schloßstr. 16 | Tel. 0431/888 19 19 | www.silverangel-kiel.de); City-Eck (Königstr. 38–40 | 23552 Lübeck | Tel. 0451/788 29); Das Lan (Große Str. 69 | 24937 Flensburg | Tel. 0461/840 11 88 | www.das-lan.de)

JUGENDHERBERGEN

Ein Verzeichnis deutscher Jugendherbergen ist beim *DJH Landesverband Nordmark* erhältlich *(Rennbahnstr. 100 | 22111 Hamburg | Tel. 040/ 655 99 50 | Fax 65 59 95 44 | www.jugendherberge.de/lvb/nordmark*

KUREN

Viele Ferienorte sind auch staatlich anerkannte Heilbäder mit modernen Therapieeinrichtungen. Eine Infozeitung zum Thema Kuren sendet die *Tourismusagentur Schleswig-Holstein GmbH* oder der *Heilbäderverband Schleswig-Holstein e. V. (Tel. 0431/210 88 38 | www.heilbaederverband-sh.de)* zu.

KURTAXE

In den meisten Ostseebädern wird Kurtaxe erhoben. Dic Kurkarte wurde durch die *Ostseecard* ersetzt, einen Ausweis im Scheckkartenformat, der je nach Ort und Saison 1,30 bis 2,60 Euro pro Tag kostet (zu bekommen im Urlaubsquartier oder beim Touristservice). Damit kann man die Strände in allen teilnehmenden Orten unbegrenzt benutzen. Viele Geschäfte, Restaurants und Freizeiteinrichtungen räumen zudem Ermäßigungen ein. Das Geld wird für die Pflege und Wartung der Kureinrichtungen erhoben. Kinder und Jugendliche unter 18 Jahren sind von der Gebühr befreit.

MIETWAGEN

24-Stunden-Service bietet die Hertz Autovermietungs GmbH, Kiel *(Tel. 0431/97 94 40 | Fax 979 44 40 | www.hertz.de)*.

Urlaub aktiv: golfen – reisen – erleben

NOTRUFE

Polizei: *Tel. 110*
Rettungswagen, Notarzt: *Tel. 112*
Pannendienst ADAC: *Tel. 0180/ 222 22 22*

STRANDKÖRBE

In der Hochsaison sollte man seinen Strandkorb unbedingt vorbestellen. Tagesmiete je nach Jahreszeit und Gegend ab *6 Euro/Tag* oder *30 Euro/Woche, Auskunft über Anbieter geben die Touristinfos.*

WETTER

Wettervorhersage für Schleswig-Holstein: *z. B. unter www.wetteronline.de*

> Die Seiteneinteilung für den Reiseatlas finden Sie auf dem hinteren Umschlag dieses Reiseführers.

Mit freundlicher Unterstützung von

kein urlaub ohne

holiday autos

gang einlegen, gas geben, urlaub kommen lassen.

holiday autos vermittelt ihnen ferienmietwagen zu alles inklusive preisen an über 5.000 stationen – weltweit.

REISEATLAS OSTSEEKÜSTE

buchen sie gleich:

- in ihrem reisebüro
- unter www.holidayautos.de
- telefonisch unter 0180 5 17 91 91
(14 ct/min aus dem deutschen festnetz)

kein urlaub ohne
holiday autos

A
B
C
481
73
E45
Kliplev
Kværs
Adsbøl
Gråsten
Stenderup
Ragebøl
Vilsbæk
Marguerit-ruten
Tørsbøl
Nybøl Nor
Egernsund
Alnor
Skodsbøl
Smøl
Broager
Holbøl
Hokkerup
Rinkenæs
Gejl Å
170
Vejbæk
Kruså
Hønsnap
Rønshoved
Holnis
Iller
Dynt
Gammelgab
Kiskelund
Sønderhav
Schausende
Brunsnæs
Fårhus
Bov
Kruså
Kollund
Flensburger Förde
Frøslevlejren
Sandwig
Bockholm
Padborg
Glücksburg (Ostsee)
Bockholmwik
Niehuus
Ulstrupfeld
Rüde
Rotenhaus
Ulstrup
Langballigholz
Westerholz
Harrislee
Mürwik
Wees
Ringsberg
Ellund
Kauslund
Munkbrarup
199
Langballig
Dollerup
Unewatt
Gottrupel
Engelsby
Nordballig
Flensburg/Harrislee
Museum
FLENSBURG
Hodderup
Bönstrup
Maasbüll
Tarup
Gremmerup
Grundhof
Dollerup
Husby
Lutzhöft
Hattlund
Handewitt
Tastrup
Weseby
Weiche
Markerup
Husbyholz
Großquern
Flensburg
Hürup
Hardesby
Schwensbyfeld
Hüllerup
Weding
Jarplund-
Kleinwolstrup
Ausacker
Winderatt
Quern
Freienwill
Munkwolstrup
Kleinsolt
Estrup
Ausackerholz
Flatzby
Löstrup
Haurup
Sankelmark
Sterup
Barderup
Hünengrab
Juhlschau
Kollerup
Gammelby
Sörup
Großsoltbrück
Mühlenbrück
Sörupschau
Oeversee
Bistoft
Obdrup
Südensee
Sörupholz
Wanderup
Frörup
Großsolt
Satrup
Rüde
Kleinrüde
Großsoltholz
Esmark
Großrüde
Angeln
Torsballig
Rehberg
200
Mohrkirch
Tarp
Havetoftloit
Köhnholz
Jerrishoe
Süderschmedeby
Hostrup
Dammholm
Thumby
Keelbek
Sieverstedt
Havetoft
Schnarup-Thumby
Böelschuby
Treene
Stenderupau
Ülsby
Struxdorf
Janneby
Stenderupfeld
Hollmühle
Poppholz
Eggebek
Langstedt
Klappholz
Bellig
Buschau
Loit
Böklund
Stolk
Kattbek
Twedt
Steinfeld
Süderhackstedt
Wellspang
Idstedt
Süderfahrenstedt
Tolk
Grumby
Bollingstedt
Langsee
Gammellund
Brekling
Freizeitpark Tolk-Schau
Taarstedt
Sollerup
Haarholm
Nübel
Scholderup
Sollbrück
Jübek
Friedrichsau
Neuberend
Berend
Schaalby
Esperstoff
Moldenit
Kahleby
Goltoft
Lürschau
Füsing
Klensby
Winning
Geel
Brodersby
201
Silberstedt
Schleswig/Schuby
SCHLESWIG
Treia
Schl. Gottorf
Schlei
Ostertreia
Schuby
Fahrdorf
Stexwig
Haddeby
Borgwedel
Hüsby
Haithabu
Louisenlund
Goosholz
Friedrichsfeld
Kleindannewerk
Loopstedt
Güby
Schellund
Großdannewerk
Busdorf
76
Gotheby
Wittbekfeld
Fleckeby
Ellingstedt
Schleswig/Jagel
Selk
Esprehm
Morgenstern
Kurburg
Geltorf
Naturpark Hüttener Berge
Hollingstedt
Klein Rheide
Lottorf
Groß Rheide
Saar
Hütten

114

D
E
F
1
2
3
4
5
6
5 km
Bro
Kær
Ulkebøl
Spang
Kirke Hørup
Majbøl
Mommark
Søby
Vollerup
Tandslet
Hørup
Sydals
SØNDERBORG
Lebøl
Sarup
Dybbøl Mølle
Klinting Høj
Høruphav
Lysabild
Vibøge
427
Skovby
Lysabildskov
Hørup Hav
Skovbyballe
Sønderborg Bugt
Sønderby
Kegnæs
Trænge
Østerby
DANMARK
Kalkgrund
Habernis
Geltinger Bucht
Norgaardholz
Nieby
Falshöft
Steinberghaff
Steinberg
Wackerballig
Kattrott
Pommerby
Koppelheck
Gelting
Düttebüll
Niesgrau
Ohrfeld
Bobeck
Lehbek
Stenderup
Strobdrup
Kronsgaard
Birzhaft
Rundhof
Gundelsby
Rabenholz
Hasselberg
Esgrusschauby
Grünholz
Stangheck
Schwackendorf
Worms-
Oehe
Wippendorf
Vogelsang
Maasholm-Bad
Ulegraff
Gulde
Stoltebüll
höft
Buck-
Rabel
Brunsholm
Drült
Stutebüll
hagen
Maasholm
Brarupholz
Kraghöh
Grimsnis
199
Schlei
Lotsen-
insel
Oersberg
Wittkiel
Sandbek
Saustrup
Kappeln
Toesdorf
Mehlby
Olpenitz
Roest
Olpenitzdorf
Scheggerott
Ellenberg
Rabenkirchen
Rabenkirchen-
holz
Dollrottfeld
201
Kopperby
Süderbrarup
Faulück
Grödersby
Nordhagen
Arnis
Ekenis
Brodersby
Karschau
Schönhagen
Kiesby
Karlsburg
Karby
Höxmark
Boren
Kaltoft
Winnemark
Dörphof
Fahrtoft
Ketelsby
Bienebek
Schuby
Lindaunis
Grüntal
Sieseby
Staun
Lindau
203
„Aqua-Tropicana"
Guckelsby
Thumby
Hegenholz
Damp
Stubbe
Marienhof
Dorotheental
Krieseby
Maasleben
Schwastrum
Fischleger
Büchenau
Pommerby
Booknis
Holzdorf
Söby
Waabshof
Norby
Buchholz
Großwaabs
Hörst
Hülsenhain
Rieseby
Saxtorf
Rotensande
Waabs
Sönderby
Basdorf
Strandbek
Kieler Bucht
Sophienhof
Loose
Kasmark
Seeberg
Ludwigsburg
Lehmberg
Gammelby
Rögen
Hünengrab
Hohenstein
Barkelsby
Karlsminde
Hemmelmark
Borby
Karlshöhe
Kochendorf
Eckernförder Bucht
Dänisch Nienhof
Surendorf
Krusendorf
Stohl
Hohenhain
Eckern-
förde
Noer
Schwedeneck
Altbülk
Windeby
Lindhöft
Wilhelmstal
Aschau
Behrensbrook
Birkenmoor
Scharnhagen
Friedenstal
Schnellmark
115

112
114
A
B
C
SCHLESWIG
Schlei
Schwansen
Berend
Moldenit
Klensby
Winning
Schaalby
Scholderup
Kahleby
Goltoft
Hestoft
Geel
Brodersby
Missunde
Bohnert
Norby
Rieseby
Sönderby
Kosel
Gammelby
Basdorf
Hörst
Buchholz
Holzdorf
Buchenau
Pommerby
Söby
Saxtorf
Hülsenhain
Rotensande
Sophienhof
Loose
Kasmark
Ludwigsburg
Lehmberg
Rögen
Barkelsby
Hünengrab
Hohenstein
Karlsminde
Hemmelmark
Borby
Fahrdorf
Stexwig
Haddeby
Haithabu
Borgwedel
Louisenlund
Loopstedt
Busdorf
Güby
Fleckeby
Götheby-Holm
Karlshöhe
Kochendorf
Möhlhorst
Windebyer Noor
Eckernförde
Eckernförder Bucht
Selk
Esprehm
Geltorf
Jagel
Hummelfeld
Windeby
Wilhelmstal
Lindhöft
Aschau
Lottorf
Naturpark
Osterby
Friedenstal
Saar
Hütten
Hüttener Berge
Scheels-B.
Osterbyholz
Marienthal
Altenhof
Schnellmark
Neudorf
Borghorst
Behrensbrook
Ascheffel
Goosefeld
Dänischer Wohld
Brekendorf
Damendorf
Lehmsiek
Harzhof
Bornstein
Bokelund
Berge
Owschlag
Harfe
Hohenlieth
Gettorf
Norby
Ahlefeld
Groß Wittensee
Holtsee
Hohenholm
Tüttendorf
Ramsdorf
Bistensee
Haby
Revensdorf
Wittensee
Holzbunge
Klein Wittensee
Lindau
Heidbunge
Steinsieken
Neu Duvenstedt
Wentorf
Grünhorst
Wulfshagenerhütten
Bünsdorf
Sehestedt
Großkönigsförde
Krummenort
Hüttener
Steinrade
Schinkel
Sorgbrück
Sorgwohld
Alt Duvenstedt
Rendsburg/Büdelsdorf
Steinwehr
Osterrade
Krummenorterheide
Schirnau
Kluvensiek
Kleinkönigsförde
Rosenkranz
Georgental
Strohbrück
Lohe-Rickert
Rickert
Lehmbek
Ehlersdorf
Flemhuder See
Ahrenstedt
Rade
Krummwisch
Quarnbek
Borgstedt
Ostenfeld (Rendsburg)
Bovenau
Großnordsee
Büdelsdorf
Schacht-Audorf
Bredenbek
Flemhude
Achterwehr
Schülldorf
Kronsburg
Felde
Brandsbek
Fockbek
Kreuz Rendsburg
Höbek
RENDSBURG
Haßmoor
Naturpark Westensee
Schacht-Audorf
Trentrade
Westerrönfeld
Osterrönfeld
Ohe
Diekendörn
Nübbel
Brux
Westensee
Wrohe
Westermühlen
Emkendorf
Schierensee
Schülp
Wildes Moor
Schwabe
Bokelholm
Kleinvollstedt
Deutsch Nienhof
Eider
Blocksdorf
Hörsten
Jevenstedt
Hamdorf
Dammstedt
Altenkattbek
Groß Vollstedt
Blumenthal
Lohklint
Warder
Bokel
Breiholz
Nienkattbek
Altmühlendorf
Langwedel
Nord-Ostsee-Kanal
Brammer
Hünengrab
Brahmsee
Spannan
Ellerdorf
Eisendorf
Hamweddel
Natur-park Aukrug
Lieth-B.
Dätgen
Haale
Legan
Thienbüttel
Borgdorf
Bordesholm
Embühren
Stafstedt
Holtdorf
Nortorf
Seedorf
Dreieck Bordesholm
Brinjahe
Luhnstedt
Bargstedt
Schülp
Schönhorst
Barlohe
Oldenhütten
Nienborstel
Hütten
Loop
Einfelder See
Timmaspe
Krogaspe
Nindorf
Gnutz
Maisborstel
Heinkenborstel
Neumünster-Nord
Remmels
Mörel
Tappendorf
Osterstedt
Rade
Prehnsfelde
Staatshof
Aalbek
Hohenwestedt
Vaasbüttel
Wapelfeld
Innien
Böken
NEUMÜNSTER
Glüsing
Aukrug
Homfeld
Wasbek
Bucken
Bünzen
Reher
Jahrsdorf
Grauel
Bargfeld
Neumünster-Mitte
Meezen
Ehndorf

D
E
F
5 km
Kieler Bucht
1
2
3
4
5
6
Kiel-Oslo, Göteborg
Kiel-Klaipėda
Booknis
Waabshof
Großwaabs
Waabs
Strandbek
Seeberg
Dänisch Nienhof
Surendorf
Krusendorf
Hohenhain
Stohl
Noer
Grönwohld
Schwedeneck
Altbülk
Sprenge
37
Stubbendorf
Birkenmoor
Scharnhagen
503
Strande
Osdorf
Borghorster-hütten
Kaltenhof
Eckhof
SCHILKSEE
Kieler Förde
Augustenhof
Dänischenhagen
Felm
PRIES
28
Altenholz
FRIEDRICHSORT
Rathmannsdorf
Stift
Blickstedt
Projensdorf
Knoop
HOLTENAU
Neuwittenbek
Warleberg
SUCHSDORF
WIK
Schrevenborn
Ottendorf
Stampe
Kronshagen
KIEL
NEUMÜHLEN
DIETRICHSDORF
Melsdorf
WELLINGDORF
215
ELLERBEK
HASSEE
Melsdorf
Kreuz Kiel-West
ELMSCHENHAGEN
Steinfurt
RUSSEE
KRONS-BURG
HAMMER
Mielkendorf
Meimersdorf
WELLSEE
Freilichtmuseum
Rodenbek
Molfsee
Moorsee
Rönne
Raisdorf
215
Rumohr
Kleinflintbek
Schlüsbek
Voorde
Boksee
18
Flintbek
404
Honigsee
Blumenthal
Schönhorst
Bönhusen
Klein Barkau
Großbarkau
Kirchbarkau
Grevenkrug
Techelsdorf
Barmissen
Sören
Bothkamper See
Schmalstede
Bothkamp
Reesdorf
Warnau
Bissee
Bordesholm
Brügge
Nettelsee
Wattenbek
21
Mühbrook
Dosenbek
2010
Nettelau
Groß Buchwald
Negenharrie
Schönhagen
Ovendorf
12
Wankendorf
Einfeld
Schillsdorf
Großharrie
Bokhorst
Bockhorn
Tasdorf
Altbokhorst
21
DB-Museum
Bönebüttel
Schipphorst
Schönböken
Ruhwinkel
Rendswühren
Hollenbek
Husberg
430
Hünengrab
Bornhöved
Gadeland
15
Großkummerfeld
Gönnebek
Tarbek
Grimmelsberg
Heidkate
Kalifornien
Wendtorfer strand
Schönberger-strand
Stein
Wendtorf
Wisch
Marine-Ehrenmal
Barsbek
Neuschönberg
Laboe
502
Krokau
Lutterbek
Schönberg (Holstein)
Probstei
Stakendorf
U-Boot-Ehrenmal
Brodersdorf
Fiefbergen
Krummbek
Neuheikendorf
Prasdorf
Röbsdorf
Höhndorf
Heikendorf
Passade
Bendfeld
Ratjendorf
Gödersdorf
Schwartbuck
Probsteierhagen
17
Mönkeberg
Trensahl
Fahren
Hünengrab
Sophienhof
Muxall
Passader See
Stoltenberg
Tökendorf
Salzau
Schönkirchen
Pratjau
Dobersdorfer See
Schönhorst
Fargau-
Oppendorf
Dobersdorf
Schlesen
Klausdorf
Selenter See
Selkau
Wittenberger-passau
Selent
15
Lilienthal
Rastorfer-passau
202
Rosenfeld
20
Martensrade
Rastorf
Stellböken
Schwentine
76
Rethwisch
Wittenberg
Wakendorf
Hasselburg
Pohnsdorf
Preetz
(34)
Falkendorf
Sellin
Sieversdorf
Schellhorn
Lehmkuhlen
Postsee
Lanker See
Kleinkühren
Lepahn
Sophienhof
Trent
Rixdorf
Postfeld
Wielen
13
Theresienhof
Kühren
Hof Wahlstorf
Rathjensdorf
Wahlstorf
Wittmoldt
Tramm
Löptin
Kl. Plöner See
Trammer See
Bundhorst
Dörnick
Plön
(25)
Depenau
Ascheberg
Großer Plöner See
Ruhleben
Stolper See
Stolpe
Perdöl
Godau
Dersau
Kalübbe
Wildgehege
Belauer See
430
Belau
19
Stocksee
Nehmten
Stocksee
Schmalensee
Dannau
Seedorfer See
Seedorf
118

A
B
C
1
2
3
4
5
6
Kieler Bucht
Hohwachter Bucht
Stakendorf
Schmoel
Hohenfelde
Bendfeld
Schwartbuck
Todendorf
Satjendorf
Behrensdorf
Gleschendorf
Gadendorf
Matzwitz
Lippe
Köhn
Tröndel
Emkendorf
Panker
Waterneverstorf
Hohwacht
Pratjau
Dransau
Hessenstein
Pilsberg
133
Gr. Binnensee
Stöfs
Pülsen
Giekau
Neuhaus
Darry
(25)
Neudorf
Deutsche Ferienroute
Alpen-Ostsee
Ferienzentrum Weissenhäuser Strand
Groß-wessek
Oldenburg
Putlos
Bade-Paradies
Weißenhaus
Kleinwessek
Selenter See
Klamp
Lütjenburg
Futterkamp
Schlendorf
Döhnsdorf
Dannau
Selent
Gottesgabe
Rönfeldholz
Helmstorf
Blekendorf
Sechendorf
Kaköhl
Farve
Wasbuck
202
Ehlerstorf
Lübbersdorf
Bellin
Lammershagen
Wentorf
Hünengrab
Friederikental
Barensdorf
Johannisdorf
Bauersdorf
Engelau
Kühren
Wetterade
Rathlau
Nessendorf
Wangels
Grammdorf
Friedeburg
Rantzau
Mühlenfeld
Högsdorf
Kletkamp
Kükelühn
Hansühn
Meischenstorf
Harmsdorf
Einhaus
Mucheln
Tresdorfer See
Dannau
Großrolübbe
Testorf
Rantzaufelde
Sellin
Schönweide
Gowens
Neutestorf
Gut Petersdorf
Güldenstein
Söhren
Mönchneversdorf
168
Lebrade
430
Neukirchen
Sasel
Malkwitz
Benz
Kirchnüchel
Langenhagen
Rixdorf
Breitenstein
Bungsberg
Nienrade
Bruhnskoppel
Nüchel
Wahrendorf
Grebin
Sieversdorf
Krummsee
Halendorf
Holsteinische
Schluensee
Ukleisee
Schönwalde am Bungsberg
Beschendorf
Neversfelde
Kellersee
Sielbeck
Naturpark
Marxdorf
Hobstin
Behler See
Bad Malente-Gremsmühlen
Malente
Sagau
Großschlamin
Timmdorf
Dieksee
Sibbersdorf
Kleinschlamin
Stendorf
Kasseedorf
Stolpe
Niederkleveez
Fissau
Sibstin
Plön
Oberkleveez
Schweiz
Gr. Eutiner See
Kassau
Hasselburg
Kreuzfeld
Griebel
Eutin
(43)
Plunkau
Altenkrempe
Bösdorf
Zarnekau
76
Neudorf
Ruhleben
Kleinmeinsdorf
Deutsche Ferienroute Alpen-Ostsee
Sierhagen
Vinzier
Gömnitz
94
Neustadt i.H.-Pelzerhaken
Holsteinische
Großmeinsdorf
Redingsdorf
Gömnitzberg
Neustadt in Holstein
(4)
Thürk
Röbel
Bujendorf
Bosau
Braak
Bockholt
Roge
Neust. i.H.-Mitte
Brackrade
Gothendorf
Fassensdorf
Süselerbaum
Övelgönne
Löja
Liensfeld
Klenzau
Middelburg
Bichel
Hutzfeld
Ottendorf
Wintershagen
Schweiz
Hassendorf
Barkau
Süsel
Neustädter Bucht
Wöbs
Kiekbusch
Hansa-Park
Weitewelt
Schwienkuhl
"Neustädter Bucht"
Woltersmühlen
Glasau
Sierksdorf
Seekamp
Sarau
Ekelsdorf
Haffkrug
Lübe
118

Fehmahrnbelt
Insel Fehmarn
Fehmarn
Westfehmarn
Burg
Landkirchen
Bannesdorf
Deutsche Ferienroute Alpen-Ostsee
Fehmarnsund
Heiligenhafen
Großenbrode
Oldenburg in Holstein
Grömitz
Dahme
Kellenhusen
Dahmeshöved
OST-SEE
5 km

115
Belau
Stocksee
Nehmten
Löja
Brackrade
Gothendorf
Ruhwinkel
Stocksee
Bichel
Hutzfeld
Liensfeld
Klenzau
Bornhöved
Schmalensee
Hornsmühlen
Wöbs
Hassendorf
Barkau
Grimmelsberg
Damsdorf
Seedorfer See
Weitewelt
Kiekbusch
Schwienkuhl
Bornhöved
Glasau
Tarbek
Naturpark
Seekamp
Sarau
Siblin
Gießelrade
83
Seedorf
Holsteinische
Tensfeld
Schlamersdorf
Berlin
Holstendorf
Trappenkamp
Muggesfelde
Blomnath
404
Alterfrade
Grönwohld
Barghorst
Havekost
XII/2008
Daldorf
Nehms
Travenhorst
Steenkrütz
Kuhlen
87
Nehmsberg
Travenort
Ahrensbök
Blunk
Schweiz
Garbek
Gnissau
Göls
Müssen
Schwochel
Negernbötel
Krems II
432
Wensin
Dunkelsdorf
Hamdorf
Strenglin
Lebatz
Wahlstedt
Groß Rönnau
Grebenhagen
Rohlstorf
Klein Rönnau
Warder See
Eilsdorf
Tankenrade
Wahlstedt
Schackendorf
Quaal
Pronstorf
Dakendorf
Schackendorf
Schackendorf
Gr. Segeberger See
Wulfsfelde
Cashagen
Bad Segeberg
Margarethenhof
Fahrenkrug
Kleinniendorf
Goldenbek
Dissau
Bad Segeberg-Nord
Stipsdorf
Schieren
Hünengräber
Westerrade
Bad
Wittenborn
Högersdorf
Segeberger Höhle
91
Weede
Steinbek
Reinsbek
Obernwohlde
Klein Gladebrügge
Geschendorf
Krumbeck
Arfrade
Mözener See
B. Segeberg Süd
Mielsdorf
Strukdorf
206
Stockelsdorf
Mözen
Söhren
Langniendorf
Mönkhagen
Neuengörs
Kükels
Schwissel
Stubben
Willendorf
Eckhorst
Schwissel
Traventhal
Altengörs
IX/08
Ravensbusch
Bühnsdorf
Pöhls
Heilshoop
08
KREMPELSDORF
Krems I
Bebensee
Dreggers
Rehhorst
Schönböken
432
Leezen
Bahrenhof
Zarpen
Badendorf
Heiderfeld
Wakendorf I
Havighorst
Dahmsdorf
Lübeck-Moisling
Neversdorf
Steinfelder-wohld
Heidekamp
Seth
Leezen
Sühlen
Seefeld
Kr. Lübeck
Groß Niendorf
Feld
Hamberge
Hansfelde
Travenbrück
Schadehorn
Reinfeld
Ratzbek
MOISLING
Tralau
Schlamersdorf
horst
(17)
Neverstaven
Steinfeld
Heckkaten
75
Reecke
Niendorf
28
Nütschau
Poggensee
„Trave"
Reinfeld
Vinzier
BAD OLDESLOE
Benstaben
Groß Wesenberg
Borstel
B. Oldesloe-Nord
(17)
Klein Barnitz
Klein Wesenberg
Tönningstedt
Grabau
Wolkenwehe
Sehmsdorf
Meddewade
Groß Barnitz
Moorgarten
Sülfeld
Blumendorf
Kleinschenkenberg
Kronsforde
28
E22
Rotenhausen
B. Oldesloe-Süd
Neritz
75
Rümpel
Rethwischfeld
Bad Oldesloe
Rethwisch
Trenthorst
Groß-Schenkenberg
Nienwohld
Grinau
Höltenklinken
Pölitz
Westerau
Bargfeld-Stegen
Fischbek
Rohlfshagen
Treuholz
Wulmenau
Bliestorf
Elmenhorst
Schürensöhlen
Ahrensfelde
Rondeshagen
Krummbek
Groß Boden
Siebenbäumen
Mönkenbrook
Tremsbüttel
Schmachthagen
Kastorf
Jersbek
Tremsbüttel
Barkhorst
Sierksrade
Langereihe
Vorburg
Lasbek
Stubben
Düchelsdorf
Bargteheide
Lasbek Dorf
208
Kreuz Bargteheide
Eichede
Steinhorst
Klinkrade
Göldenitz
75
Hammoor
Mollhagen
Labenz
Niendorf bei Berkenthin
Delingsdorf
41
Steinburg
Schiphorst
Bünningstedt
Todendorf
Bergrade
404
Sprenge
Franzdorf
Lüchow
Duvensee
AHRENSBURG
„badlantic"
Oetjendorf
Schönberg
Sandesneben
„Buddikate"
Wentorf
Dwerkaten
Kühsen
VOLKSDORF
Großhansdorf
Sirksfelde
Ritzerau
Panten
Nusse
E22
Hoisdorf
Lütjensee
Hammer
Schmalenbeck
Linau
Grönwohld
Koberg
Ahrensfelde
Ahrensburg
Poggensee
Siek
Feilberg
Meilsdorf
Hohenfelde
Walksfelde
HAMBURG
Großensee
Köthel (Stormarn)
Borstorf
Stapelfeld
Braak
34
Papendorf
Hamfelde (in Holstein)
Langelohe
Brunsbek
Mühlenrade
Klein-Schretstaken
207
Lauenburg

118

D
E
F
116
5 km
Lübecker Bucht
Neustädter Bucht
"Neustädter Bucht"
Neust.-H.-Mitte
Pelzerhaken
Övelgönne
Süselerbaum
Süsel
Wintershagen
Hansa-Park
Sierksdorf
Haffkrug
Woltersmühlen
Ekelsdorf
Eutin
Pönitz am See
Scharbeutz
Klingberg
Schürsdorf
Pansdorf
Luschendorf
Ostsee-Therme
Timmendorfer Strand
Sealife-Centre
Klein-timmendorf
Niendorf
Brodtener Steilufer
Brodten
Großtimmendorf
Hemmelsdorf
Hemmelsdorfer See
Häven
Warnsdorf
Wilmsdorf
Teutendorf
TRAVEMÜNDE
Priwall
Ratekau
Rohlsdorf
Großparin
Grammersdorf
Ovendorf
Offendorf
Ivendorf
Pöppendorf
Pötenitz
Pötenitzer Wiek
Wieschendorf
Johannstorf
Volkstorf
Benckendorf
Teschow
Sereetz
Dreieck Bad Schwartau
KÜCKNITZ
HERRENWYK
Lübeck-Siems
GOTHMUND
SCHLUTUP
Trave
ST. GERTRUD
Zentrum
LÜBECK
EICHHOLZ
ST. JÜRGEN
Palingen
Selmsdorf
Erlebnisstr. der dt. Einheit
Dassower See
Zarnewenz
Sülsdorf
Kleinfeld
Dassow
Schwanbeck
Prieschendorf
Rosenhagen
Harkensee
Tankenhagen
Voigtshagen
Wilmstorf
Groß Voigtshagen
Kalkhorst
Neuenhagen
Kühlenstein
Klein Rankendorf
Groß Schwansee
Brook
Hohen Schönberg
Warnkenhagen
Lübeck-Helsinki
Travemünde-Trelleborg, Malmö, Helsinki
Roggenstorf
Tramm
Moor-Rolofshagen
Mallentin
Rodenberg
Malzow
Groß Bünsdorf
Blüssen
Klein Bünsdorf
Maurine
Kirch Mummendorf
Hof Mummendorf
Papenhusen
Menzendorf
Rottensdorf
Lübsee
Grieben
Lockwisch
Lüdersdorf
Rupensdorf
Schönberg
Klein Siemz
Sabow
Petersberg
Herrnburg
Wahrsow
Strecknitz
Vorrade
Kleingrönau
Wulfsdorf
Groß Grönau
Duvennest
Neuleben
Bechelsdorf
Schattin
Boitin-Resdorf
Groß Siemz
Niendorf
Törpt
Torisdorf
Falkenhagen
Lindow
Roduchelstorf
Vitense
Strohkirchen
Blankensee
Gr. Sarau
Deutsche Ferienroute Alpen-Ostsee
Hünengrab
Hornstorf
Krummesse
Kleinsarau
Rothenhusen
Wendorf
Rieps
Ollndorf
Samkow
Klein Rünz
Rehna
Löwitz
Königsfeld
Groß Rünz
Neschow
Cronscamp
Stove
Utecht
Thandorf
Groß Sarau
Campow
Kählstorf
Pogeez
Ratzeburger See
Schlagresdorf
Klein Molzahn
Carlow
Schaddingsdorf
Warnekow
Nesow
Kuhlrade
Klocksdorf
Demern
Königsfeld
Berkenthin
Groß Disnack
Klein Disnack
Buchholz
Mechower See
Mechow
Schlagsdorf
Groß Molzahn
Biosphärenreservat
Röggeliner See
Röggelin
Holdorf
Naturpark
Dechow
Schlagbrügge
Breesen
Möllin
Meetzen
Einhaus
Hollenbek
Kulpin
Harmsdorf
Behlendorf
Römnitz
Bäk
Ratzeburg
Lankower See
Groß Thurow
Roggendorf
St. Georgsberg
Ziethen
Mustin
Goldensee
Klein Thurow
Ganzow
Giesensdorf
Küchensee
Lüneburger Berg
Dutzow
Klein Salitz
Groß Salitz
Albsfelde
Fredeburg
Schmilau
Kittlitz
Kneese Dorf
Kneese
Lankau
Lauenburgische Seen
Salem
Schaalsee
Niendorf (am Schaalsee)
Schönwolde
Krembz
Marienwohlde
Horst
Kogel
Dargow
Bresahn
Mölln
Brunsmark
Sterley
Neu Steinbeck
Stintenburger Hütte
Rögnitz
Bentin
Breitenfelde
Lüttauer See
Neuhorst
Seedorf
Groß-zecher
Lassahn
Stintenburg
Neuenkirchen
Lehmrade
Hollenbek
119
Herzogtum Lauenburg
E47
E22
1
2
3
4
5
6

A
B
C
1
2
3
4
5
6
Flensburg
250 m
Verkehrsbetriebe
Bauer Landstraße
Weiche-straße
Feldstraße
Werft-
Brauereistr.
Schulgasse
Neustadt
Gasstr.
DUBURG
Am Industriehafen
Kielseng
Zollamt
Harrisleer Straße
Schwarzental
Meierei-str.
Amsel-str.
Neu-
Hafen
Harnis
Ballastbrücke
NEUSTADT
Stiftstr.
Junkerhohl-
Gartenstr.
Werftstraße
Harnishof
Am Volkspark
Wasserturm
Eckener-straße
WAK
Sportplatz
Bücherei
Schule
stadt
Str.
Duburger
Nordertor
Amt für Land- u. Wasserwirtschaft
Ballastkai
Dän. Schule
Duburghalle
Jens-Due-Str.
P.-Paulsen-Schule
Phänomenta
Norder-
Schiff-
Hist. Kran
Museumshafen
G.-Johannsen-Schule
Schloßstraße
Wasserschutzpol.
Ballastbrücke
Arbeitsamt
Königstr.
strasse
Dän. Gymn.
Schifffahrtsmuseum
Herrenstall
Lautrupsbach
Flurstr.
Wald-straße
Ritterstraße
Am Lautrupsweg
Unt.
St.-Franziskus-Hospital
Finanzamt
Bergstr.
Schule
Dän. Bücherei
Schloßwall
Rummelgang
Ges.-Amt
Seglerhafen
199
straße
Nord-
Dorotheenstraße
Burgplatz
Burg-
Am Burgfried
Am Schloßwall
Medienzentrum
St.-Jürgen-Str.
Hafen-
straße
Hochstraße
Toosbüy-
straße
Neue Str.
brücke
St.-Jürgen Kirche
Jürgensgaarder Straße
Marienhölzungsweg
Duburger Straße
Diakonissenanstalt
Knuthstraße
Rumhaus „Johannsen"
Große
Kompagnietor
St.-Marien-Kirche
Zollamt
St.-Jürgen-Straße
Erlen-
Brix-
Bach-
Nerongsallee
Carl-Diem-Str.
Wrangel-
Roonstr.
Orpheus-Theater
Schule
Eichenstr.
Stadtpark
Norder-
Neptunbrunnen
Altes Gymn.
Selckstraße
Alt-
Speicher-linie
Norderhofenden
damm
Ulmenstr.
Bremer Str.
Bismarck-straße
Sportplatz
Idraetshalle
Heiliggeist-Kirche
Straße
Schule
Kapelle
Bremer Platz
Moltke-
straße
Straße
Stadttheater
Rathausstraße
Johannis-
WESTLICHE HÖHE
Friedhofstr.
Alter
Reep-
graben
Süderhof-
Goethe-schule
Friedhof-
straße
Christiansenpark
Stuhrsallee
Museumsberg
Städt. Museum
Holm
stadt
Wilhelmstr.
Augusta-str.
Clädenstr.
Mühlenfriedhof
Friedhof
Nikolaistr.
ZOB
Karl-
Plankemai
Handwerkskammer
Kapelle
Mühlen-
Wasserturm
Katasteramt
Amts- und Landger.
Süder-
Nat.-Wiss.-Museum
enden
Süderfischerstr.
St.-Johannis-Kirche
Glücksburger Str.
Marienallee
Mathilden-
Boessel-str.
Reitbahn
Kanonen-
Schulen
schlägerbahn
Friedrich-
St.-Nikolai-Kirche
burger Straße
Hafer-markt
Wirtschaftsgymn.
An der
Sturhsallee
Süder-
Schule
Südermarkt
Angel-
St.-Michael-Kirche
Am
Luisenstr.
C.-Friedr.-Voigt Platz
str.
straße
Straße
Kloster Zum Hl. Geist
Str.
Vik-toria-str.
IHK
Heinrichstraße
Sand-
Ochsenmarkt
Christinenstr.
Friesische
Kapelle
Rathaus
NDR
Landratsamt
Ballastieg
Carolinenstr.
Straße
Schulen
Techn. Rathaus
Friedrich Ebert-
Alten- u. Pflegeheim
Kleine Exe
Katharinenstr.
Schützenkuhle
Neumarkt
Deutsches Haus
Berliner Platz
Pestalozzi-schule
Mittelstraße
Teichstraße
Voigt-
Friesische
EXE
Kastanienweg
Schreiberstr.
Hebbel-str.
Th.-Storm-Weg
Harms-
Klaus-Groth-Str.
Nikolaiallee
Prof.-Mensing-Str.
Zur Exe
Husumer Straße
Munketoft
Seefahrtsschule
Johannis-berg
Alten- u. Pflegeheim
Straße
Munketoft
Munke-
Löhmannschule
Waitz-
Feuerwehr
Zur Exe 199
Jugendtreff Exe
Hallenbad
Mühlendamm
Hillig-Vater-Gang
SÜDSTADT
Friesische
Lücke
Realschule West
allee
Martinsberg
Sportplatz
allee
Sporthalle
Nane-Jürgensen-Weg
Bahnhof-
toft
Tegel-
Wilhelminental
Güterbahnhof
Lundweg
Rode Möhl
Rude
Pauluskirche
Merveldstr.
barg
Hauptbahnhof Flensburg
Am Bundesbahnhof
Husumer Straße
Schleswiger
Valentinerallee
Backensmühle
Nikolai-
Grundschule
Straßenbauamt

Schleswig
250 m
D
E
F
1
2
3
4
5
6
Ilensee
Stadtwerke
KLOSTERHOF
Sport-platz
FREIHEIT
Bergkoppel
JAW Jungen
Holmer Noor
Moor-wiese
Ilensee
Städt. Bauhof
Johannistale
JOHANNISTAL
Hopfenwies
Holmer
Noorweg
St.-Johanniskloster
St.-Johannis-Kloster
Kinder-garten
Oldensworth
Sach-Str.
Solterbeeren-hof
Straße
Norderholm-
Am St.-Johannis-
HOLMER
Wiesen-gang
Holmstr.
August-
St.-Jürgen-Schule
Weg
Möwen-
Erlen-weg
NOOR
Mühlenbach
Knud-
HOLM
Am
Linden-weg
Brautsee
weg
Heinrich-Philippsen-
Richthofenstr.
Carstensstr.
Straße
Kapelle
Süder-
Lawand-
ST. JÜRGEN
Fisch-brück-str.
Holmer Museum
Klensbyer Str.
Carstens-denkmal
Wasserwerk
Hafengang
Rathaus
Straße
Baumhof
Klosterhof
Kleiner Baumhof
Gang
Noorstr.
Hafengang
Rathaus-markt
Alten-heim
Hafenstr.
St.-Jürgener-Str.
Gall-
Dr.-Kirchhoff-Platz
A. J. Carstens-schule
berg
Lange
Str.
St.-Petri-Dom
Süderdom-str.
Pastoren-str.
Hafen
Stadthafen
Fachkliniken
Kattsund
Stadtbau-amt
Korn-markt
Königstr.
Poller-teich
Am Lornsen-park
Kälber-str.
Zollamt
Am
Schleswig
Faul-
straße
Amalien-platz
Plessenstraße
Plessenstr.
Wiesen-
Wiesen-damm
Michaelisstraße
Ev. Gde.-Zentrum
ZOB
König-
Poller teich
Reiferbahn
Capitol-platz
Rote-Kreuz-Weg
Jugend-zentrum
3
Schlei
Stadtfeld
Bismarck-
straße
Stadt-
Schwarzer
Feuerwehr
Freizeitpark
Luther-
Michaelis-
Am Flachs-teich
ALTSTADT
Stadtfeld
Kinder-garten
Schule
weg
straße
Möwenberg
NSG
Feldstraße
Schubystraße
Sport-platz
Schule
Wilhelminenschule
allee
str.
Weg
Königswiesen
Angelner Straße
Neue Reeperbahn
Versor-gungs-amt
Martin-Luther-Krankenhaus
Post-str.
Katasteramt
Stadtwerke
straße
damm
Luisenbad
Seminar-
straße
Bücherei
weg
VHS
Luisenbad
Moltkestraße
Moltke-
Arbeitsamt
Lornsen-schule
Kapelle
Domziegelhof
Domschule
K.-Groth-
Bellmannstraße
Jahnplatz
Yachthafen
Gartenstr.
Gorch-Fock-Str.
Theodor-Storm-Str.
Fehrs-
straße
Lollfuß
Dom-ziegel-hof
Schlei-
Strand-
Ring-
str.
Landwirtschafts-schule
Str.
straße
Jugend-herberge
Theater
Theater-straße
Berliner Straße
Chemnitz-
Erzieher-fachschule
Spielkoppel
Schützenkoppel
Port Wiking
Schubystraße
Friedrich-Ebert-
Straße
Real-schule
Schüt-zen-koppel
Hindenburg-platz
Schwimm-halle
Michaelis-allee
Kreismusik-schule
weg
Wikingturm
Fachkliniken Schleswig
Finanz-amt
An der Schützenkoppel
Amtsgericht
Anlegestelle Schleihallen-brücke
straße
NEUSTADT
Stadion
Hesterberg
Lollfuß
straße
Volkskundliche Sammlungen
Suadicanistraße
Har-dersen-berg
Kindergarten
Flensburger
Straße
Lollfuß
LOLLFUSS
Schuby-
Hester-
berg
Neuer Rosen-weg
Tiergarten-weg
Neu-
Kreis-haus
Wind-
Gottorfer Damm
Sandweg
Fachkliniken Schleswig
Neuap. Kirche
Callisenstr.
Am Burggraben
Burggraben
Flensburger
Straße
werkstr.
Thiessens-
Königs-
Berufs-schule
weg
allee
Europa-platz
Gottorfstr.
Forsthaus Neuwerk
Schloß-
allee
Schloßinsel
Eisteich
allee
Landes-museum
Schloss Gottorf
Oberlandes-gericht
Berufs-schule
Herkules-teich
Sporthalle
HÜHNER-HÄUSER
Nydam-halle
Landesjugend-anstalt
Stampfmühle
Minigolf
Burgsee
Grill-plätze
Paulihof
Hasselholmer Wasserlauf
PAULIHOF
Wasserwerk

KARTENLEGENDE

Autobahn mit Anschlussstelle und Anschlussnummer	Idstein 45 Viernheim	Motorway with junction and junction number
Autobahn in Bau mit voraussichtlichem Fertigstellungsdatum	Datum Date	Motorway under construction with expected date of opening
Rasthaus mit Übernachtung · Raststätte	"Kassel"	Hotel, motel · Restaurant
Kiosk · Tankstelle		Snackbar · Filling-station
Autohof · Parkplatz mit WC	P	Truckstop · Parking place with WC
Autobahn-Gebührenstelle		Toll station
Autobahnähnliche Schnellstraße		Dual carriageway with motorway characteristics
Fernverkehrsstraße		Trunk road
Hauptverbindungsstraße		Important main road
Verbindungsstraße		Main road
Nebenstraßen		Secondary roads
Fahrweg · Fußweg		Carriageway · Footpath
Gebührenpflichtige Straße		Toll road
Straße für Kraftfahrzeuge gesperrt		Road closed for motor vehicles
Straße für Wohnanhänger gesperrt		Road closed for caravans
Straße für Wohnanhänger nicht empfehlenswert		Road not recommended for caravans
Autofähre		Car ferry
Hauptbahn · Bahnhof · Tunnel		Main line railway · Station · Tunnel
Autozug-Terminal		Autorail station
Besonders sehenswertes kulturelles Objekt	Neuschwanstein	Cultural site of particular interest
Besonders sehenswertes landschaftliches Objekt	Breitachklamm	Landscape of particular interest
Ausflüge & Touren		Excursions & Tours
Landschaftlich schöne Strecke		Route with beautiful scenery
Touristenstraße	Hanse-Route	Tourist route
Museumseisenbahn		Tourist train
Kirche, Kapelle · Kirchenruine		Church, chapel · Church ruin
Kloster · Klosterruine		Monastery · Monastery ruin
Schloss, Burg · Burgruine		Palace, castle · Castle ruin
Turm · Funk-, Fernsehturm		Tower · Radio or TV tower
Denkmal · Soldatenfriedhof		Monument · Military cemetery
Ruinenstätte, frühgeschichtliche Stätte · Höhle		Archaeological excavation, ruins · Cave
Hotel, Gasthaus, Berghütte · Heilbad		Hotel, inn, refuge · Spa
Campingplatz · Jugendherberge		Camping site · Youth hostel
Schwimmbad, Erlebnisbad, Strandbad · Golfplatz		Swimming pool, leisure pool, beach · Golf-course
Botanischer Garten, sehenswerter Park · Zoologischer Garten		Botanical gardens, interesting park · Zoological garden
Bedeutendes Bauwerk · Bedeutendes Areal		Important building · Important area

anzeige

über den daten-
highway zu mehr
spaß auf allen
anderen straßen:

kein urlaub ohne

holiday
autos

15 euro rabatt
sichern! sms
mit **HOLIDAY**
an **83111***
(49 cent/sms)

so einfach geht´s:
senden sie das wort **HOLIDAY** per sms an die nummer **83111*** (49 cent/sms) und wir schicken ihnen ihren rabatt-code per sms zurück. mit diesem code erhalten sie 15 euro preisnachlass auf ihre nächste mietwagenbuchung! einzulösen ganz einfach in reisebüros, unter der hotline 0180 5 17 91 91 (14 cent/min) oder unter www.holidayautos.de (mindestalter des mietwagenbuchers: in der regel 21 jahre). der code ist gültig für buchung und mietbeginn bis 31.12.2010 für eine mindest-mietdauer von 5 tagen. der rabattcode kann pro mobilfunknummer nur einmal angefordert werden. dieses angebot ist gültig für alle zielgebiete aus dem programm von holiday autos nach verfügbarkeit.

*vodafone-kunden: 12 cent vodafone-leistung + 37 cent zusatzentgelt des anbieters. teilnahme nur mit deutscher sim-karte möglich.

REGISTER

In diesem Register sind alle in diesem Reiseführer erwähnten Orte und Ausflugsziele verzeichnet. Halbfette Seitenzahlen verweisen auf den Haupteintrag, kursive auf ein Foto.

> SCHREIBEN SIE UNS!

Liebe Leserin, lieber Leser,

wir setzen alles daran, Ihnen möglichst aktuelle Informationen mit auf die Reise zu geben. Dennoch schleichen sich manchmal Fehler ein – trotz gründlicher Recherche unserer Autoren/innen. Sie haben sicherlich Verständnis, dass der Verlag dafür keine Haftung übernehmen kann.

Wir freuen uns aber, wenn Sie uns schreiben.

Senden Sie Ihre Post an die MARCO POLO Redaktion, MAIRDUMONT, Postfach 31 51, 73751 Ostfildern, info@marcopolo.de

IMPRESSUM

Titelbild: Häuser am Strand (Look: age fotostock)
Fotos: Backpacker's Inn (35); C. Bäck (36/37, 94); Blauer Engel: Lutz Lueck (97 u. l.); J. Büchler (68/69); Johannes Caspersen (15 u.); Einkaufszentrum Sophienhof (52); Eishaus Lübeck (13 o.); Fanalistics: Till Bornemann (14 o.); R. Freyer (79); Gastronomiebetriebe Koch: Klaus Koch (97 M. r.); R. M. Gill (109); Sascha Görtz: Angela Conrady (14 u.); S. Grope (2 l.); G. Hartmann (U. r.); HB Verlag: Kreder (8/9, 22, 24/25, 27, 51, 58, 67, 72, 83, 84, 85, 102/103), Krewitt (3 M., 23, 45, 60, 65, 80, 93, 101); O. Heinze (U. l., U. M., 2 r., 3 l., 3 r., 4 l., 5, 6/7, 11, 16/17, 18, 19, 22/23, 29, 38/39, 40, 42, 54, 56/57, 62, 70, 75, 77, 87, 90/91, 95); Huber: Kreder (30/31); ©iStockphoto.com: Nikolay Suslov (97 o. l.), Frances Twitty (96 u. r.), Bernhard Weber (96 M. l.); Kieler Renn- und Reiterverein e. V.: Tilo Seeking (96 M. r.); T. Krüger (46/47, 48, 98/99); Laif: Bialobrzeski (21, 26, 105); Look: age fotostock (1), Hilgert (28/29), Yiap (28); Lunatique: Simon Schreiber (96 o. l.); Newstereo: Florian Schröder (12 o.); northcoast.records: Julia Sydow (12 u.); Ostseebad Laboe: Volker Arp (15 o.); D. Renckhoff (88, 110/111); C. Schellhaus (32); Schlei Ostsee GmbH: Bernard Pries (14 M.); S. Spatzek (127); Tourismus-Service Scharbeutz: Katja Bruhns (13 u.)

11., aktualisierte Auflage 2008
© MAIRDUMONT GmbH & Co. KG, Ostfildern
Verlegerin: Stephanie Mair-Huydts; Chefredaktion: Michaela Lienemann, Marion Zorn
Autorin: Silvia Propp; Bearbeitung: Sabine Spatzek; Redaktion: Beatrix Müller-Kapuscinski
Programmbetreuung: Cornelia Bernhart, Jens Bey; Bildredaktion: Barbara Schmid, Gabriele Forst
Szene/24h: wunder media, München
Kartografie Reiseatlas: © MAIRDUMONT, Ostfildern
Innengestaltung: Zum goldenen Hirschen, Hamburg; Titel/S. 1–3: Factor Product, München
Das Werk einschließlich aller seiner Teile ist urheberrechtlich geschützt. Jede urheberrechtsrelevante Verwertung ist ohne Zustimmung des Verlages unzulässig und strafbar. Das gilt insbesondere für Vervielfältigungen, Übersetzungen, Nachahmungen, Mikroverfilmungen und die Einspeicherung und Verarbeitung in elektronischen Systemen.
Printed in Germany. Gedruckt auf 100% chlorfrei gebleichtem Papier

FÜR IHRE NÄCHSTE REISE

gibt es folgende MARCO POLO Titel:

DEUTSCHLAND

Allgäu
Amrum/Föhr
Bayerischer Wald
Berlin
Bodensee
Chiemgau/Berchtesgadener Land
Dresden/Sächsische Schweiz
Düsseldorf
Eifel
Erzgebirge/Vogtland
Franken
Frankfurt
Hamburg
Harz
Heidelberg
Köln
Lausitz/Spreewald/Zittauer Gebirge
Leipzig
Lüneburger Heide/Wendland
Mark Brandenburg
Mecklenburgische Seenplatte
Mosel
München
Nordseeküste Schleswig-Holstein
Oberbayern
Ostfriesische Inseln
Ostfriesland/Nordseeküste Niedersachsen/Helgoland
Ostseeküste Mecklenburg-Vorpommern
Ostseeküste Schleswig-Holstein
Pfalz
Potsdam
Rheingau/Wiesbaden
Rügen/Hiddensee/Stralsund
Ruhrgebiet
Schwäbische Alb
Schwarzwald
Stuttgart
Sylt
Thüringen
Usedom
Weimar

ÖSTERREICH | SCHWEIZ

Berner Oberland/Bern
Kärnten
Österreich
Salzburger Land
Schweiz
Tessin
Tirol
Wien
Zürich

FRANKREICH

Bretagne
Burgund
Côte d'Azur/Monaco
Elsass
Frankreich
Französische Atlantikküste
Korsika
Languedoc-Roussillon
Loire-Tal
Normandie
Paris
Provence

ITALIEN | MALTA

Apulien
Capri
Dolomiten
Elba/Toskanischer Archipel
Emilia-Romagna
Florenz
Gardasee
Golf von Neapel
Ischia
Italien
Italienische Adria
Italien Nord
Italien Süd
Kalabrien
Ligurien/Cinque Terre
Mailand/Lombardei
Malta/Gozo
Oberital. Seen
Piemont/Turin
Rom
Sardinien
Sizilien/Liparische Inseln
Südtirol
Toskana
Umbrien
Venedig
Venetien/Friaul

SPANIEN | PORTUGAL

Algarve
Andalusien
Barcelona
Baskenland/Bilbao
Costa Blanca
Costa Brava
Costa del Sol/Granada
Fuerteventura
Gran Canaria
Ibiza/Formentera
Jakobsweg/Spanien
La Gomera/El Hierro
Lanzarote
La Palma
Lissabon
Madeira
Madrid
Mallorca
Menorca
Portugal
Spanien
Teneriffa

NORDEUROPA

Bornholm
Dänemark
Finnland
Island
Kopenhagen
Norwegen
Schweden
Südschweden/Stockholm

WESTEUROPA | BENELUX

Amsterdam
Brüssel
Dublin
England
Flandern
Irland
Kanalinseln
London
Luxemburg
Niederlande
Niederländische Küste
Schottland
Südengland

OSTEUROPA

Baltikum
Budapest
Estland
Kaliningrader Gebiet
Lettland
Litauen/Kurische Nehrung
Masurische Seen
Moskau
Plattensee
Polen
Polnische Ostseeküste/Danzig
Prag
Riesengebirge
Russland
Slowakei
St. Petersburg
Tschechien
Ungarn
Warschau

SÜDOSTEUROPA

Bulgarien
Bulgarische Schwarzmeerküste
Kroatische Küste/Dalmatien
Kroatische Küste/Istrien/Kvarner
Montenegro
Rumänien
Slowenien

GRIECHENLAND | TÜRKEI | ZYPERN

Athen
Chalkidiki
Griechenland Festland
Griechische Inseln/Ägäis
Istanbul
Korfu
Kos
Kreta
Peloponnes
Rhodos
Samos
Santorin
Türkei
Türkische Südküste
Türkische Westküste
Zakinthos
Zypern

NORDAMERIKA

Alaska
Chicago und die Großen Seen
Florida
Hawaii
Kalifornien
Kanada
Kanada Ost
Kanada West
Las Vegas
Los Angeles
New York
San Francisco
USA
USA Neuengland/Long Island
USA Ost
USA Südstaaten/New Orleans
USA Südwest
USA West
Washington D.C.

MITTEL- UND SÜDAMERIKA

Argentinien
Brasilien
Chile
Costa Rica
Dominikanische Republik
Jamaika
Karibik/Große Antillen
Karibik/Kleine Antillen
Kuba
Mexiko
Peru/Bolivien
Venezuela
Yucatán

AFRIKA | VORDERER ORIENT

Ägypten
Djerba/Südtunesien
Dubai/Vereinigte Arabische Emirate
Israel
Jerusalem
Jordanien
Kapstadt/Wine Lands/Garden Route
Kenia
Marokko
Namibia
Qatar/Bahrain/Kuwait
Rotes Meer/Sinai
Südafrika
Tunesien

ASIEN

Bali/Lombok
Bangkok
China
Hongkong/Macau
Indien
Japan
Ko Samui/Ko Phangan
Malaysia
Nepal
Peking
Philippinen
Phuket
Rajasthan
Shanghai
Singapur
Sri Lanka
Thailand
Tokio
Vietnam

INDISCHER OZEAN | PAZIFIK

Australien
Malediven
Mauritius
Neuseeland
Seychellen
Südsee

> UNSERE INSIDERIN

MARCO POLO Korrespondentin Sabine Spatzek im Interview

Sabine Spatzek lebt seit 1994 an der Ostseeküste Schleswig-Holsteins und arbeitet als freiberufliche Redakteurin.

Wieso leben Sie an der Ostsee?

Ich bin wegen eines Ausbildungsplatzes hierher gekommen. Damals lebte ich in Süddeutschland und wäre viel lieber nach Konstanz statt nach Kiel gezogen. Aber nachdem ich einmal hier oben war, habe ich sehr bald die Vorzüge schätzen gelernt. Wenn man nach der Arbeit in zehn Minuten am Strand ist und Smog nur als Fremdwort kennt, hat das für mich eine hohe Lebensqualität.

Was sagen Sie zum Wetter im Norden?

Dass es hier im Norden ständig regnen würde, ist doch nur eines dieser Vorurteile, die anscheinend nicht aus der Welt zu schaffen sind. Tatsache ist, dass es mit der Insel Fehmarn in der Ostsee einen der sonnenreichsten Flecken Deutschlands gibt. Und wenn doch mal Schietwetter ist, kann ich zum Beispiel ein Museum besuchen oder im Café den Wolken zusehen, die der Wind dann schnell wieder wegpustet.

Wie ist die Mentalität der Menschen?

Es stimmt schon, dass viele beim ersten Kontakt weniger gesprächig sind, als das vielleicht in anderen Gegenden Deutschlands der Fall sein mag. Mir persönlich gefällt diese Zurückhaltung, sie weicht nach meiner Erfahrung schnell einer ungekünstelten Herzlichkeit, wenn es der Anlass denn hergibt. Auf der anderen Seite gibt es hier wie anderswo auch viele Schnacker. Und sehr viele echte Originale, also Typen, die man nur hier und nirgends sonst trifft.

Was gefällt Ihnen hier nicht so sehr?

Es wäre natürlich toll, wenn es hier zusätzlich auch noch Berge gäbe. Leider misst die höchste Erhebung in Schleswig-Holstein, der Bungsberg, gerade einmal 168 m ...

Was machen Sie beruflich?

Ich bin freiberufliche Redakteurin und arbeite für verschiedene Printmedien. Zu meinen Schwerpunkten gehört das Thema Tourismus, das ja in vielerlei Hinsicht wichtig ist für die Ostseeküste.

Was tun Sie in Ihrer Freizeit?

Ich habe zwei Söhne im Kindergarten- und Grundschulalter, die mich gut auf Trab halten. Wenn wir Ausflüge machen, steuern wir immer mal wieder ein anderes Ziel an der Küste an, es gibt ja zum Glück viele kinder- und familienfreundliche Angebote. Wenn meine Jungs noch etwas älter geworden sind, werden wir bestimmt auch viel mit dem Fahrrad unterwegs sein. Ansonsten interessiere ich mich für Kunst und Kultur, besuche häufig Theater und Ausstellungen und lese gern.

> BLOSS NICHT!

Auch an der Ostseeküste gibt es Touristenfallen und Dinge, die man besser meidet

Nur mit T-Shirts anreisen

Auch im Hochsommer kann an der Küste gelegentlich eine kühle Brise wehen oder ein Schauer vom Himmel regnen. Meistens verziehen sich die Wolken schnell wieder, und Luft und Natur sind danach ein noch größerer Genuss. Lassen Sie sich die Urlaubslaune nicht verderben, indem Sie ohne Regenjacke oder feste Schuhe anreisen. Wer sich schon vorab ein Bild vom Wetter am Ferienort machen möchte, kann das über Webcams: *www.city-webcams.de*

Ohne Parkschein parken

Gebührenfreie Parkplätze in Strandnähe gibt es in den Ostseebädern leider kaum. Die kostenlosen Parkplätze liegen oft einen längeren Fußmarsch entfernt. Wer's bequemer mag, muss tief in die Tasche greifen. Gebühren von bis zu 2,50 Euro pro Stunde sind keine Seltenheit. Und wehe, man überzieht auch nur geringfügig die auf den Parkzetteln ausgedruckte Zeit, das wird teuer. Die ständig patrouillierenden Ordnungshüter kennen keine Gnade.

Ruhe in der Hochsaison erwarten

Am betriebsamsten ist es an der Ostsee im Juli und August während der Schulferien. Da gibt es schon mal Tage, an denen man in den beliebten Bädern kein ruhiges freies Plätzchen mehr erwischt. Wer es sich einrichten kann, sollte daher während der Vor- oder der Nachsaison reisen, dann zeigt sich die Ostsee von ihrer schönsten Seite, und man hat Platz für ausgedehnte Spaziergänge. Die letzten Strandkörbe werden erst Ende Oktober in den Winterschlaf geschickt.

Galerien überbewerten

„Galerien" und „bunte Märkte" gibt es an der Küste und im Hinterland inzwischen wie Sand am Meer. Sie haben sich in Scheunen, Bauernhöfen und Mühlen etabliert. Oft wird jedoch nur noch mit kunsthandwerklicher Massenware gehandelt, die man in anderen Läden auch findet.

Die Rummelplätze besuchen

Ob Altstadt-, Volks- oder Schützenfest – fast überall gleichen sich die Bilder. Menschenmassen schieben sich über Fressmeilen, an den Ständen gibt es Gyros, Brötchen, Tintenfischringe, Eis und viel Bier. Aus den Festzelten tönt Musik. Bis auf wenige Ausnahmen wurden aus den früher typischen lokalen Festen Einheitsrummelplätze ohne spezifische Besonderheiten.

Zu nah ans Steilufer gehen

Immer wieder werden Hänge am Steilufer von der Ostsee unterspült und drohen abzurutschen. Die betroffenen Abschnitte dürfen nicht betreten werden. Wer Absperrungen und Verbotsschilder ignoriert, schadet der Landschaft und bringt sich selbst in Gefahr.